1 Ernährung bei TCM - Magen - Feuer

Diese Empfehlungen bitte immer mit dem TCM-Ernährungsberater/in, oder TCM-Arzt/in absprechen! Die Rezepte und Zutatenlisten unterstützen die Therapien nach der Traditionellen Chinesischen Medizin.

Die Kalorienangaben frischer Zutaten (Obst und Gemüse) schwanken je nach Qualität und Erntezeit. Die Inhalte wurden von einer Diätologin und einer Ernährungsberaterin für die Traditionelle Chinesische Medizin (TCM) geprüft.

Autor:
©2016 Josef Miligui
www.ebns.at

Titelfoto:
©2008 Erika Weixlbaumer

Quelle:
Die Listen werden aus der TCME-Datenbank für die Ernährungsberatung generiert. Die Datenbank wird von Ernährungsberater, Therapeuten, Ärzte und Gastronomiebetrieben für die Beratung der Patienten/Klienten und Gästen verwendet.

Literaturliste:
Wir haben die Unterlagen als Wissensbasis genutzt und an unsere Erfahrungen angepasst und ergänzt.
http://ebns.at/index.php/de/datenbank/literaturliste

Herstellung und Verlag:
BoD – Books on Demand, Norderstedt

ISBN 978-3-7412-8177-8

TCM - Ernährung bei- Magen - Feuer

(Buch: 237)

2 Definition der möglichen Symptome

Befragen
Appetit
    Heißhunger
Durst
    Durst und Verlangen nach kalten Getränken
Epigastrium (Oberbauch)
    Brennen und Schmerz
Verdauung
    Erbrechen unverdauter Nahrung
    Verstopfung

Pulsdiagnostik
Puls
    Schnell, wellenartig, voll
    Schnell, voll

Zungendiagnostik
Mundhöhle
    Zahnfleischentzündungen, Mundgeruch
Zunge
    Rot, dicker Belag oder Mittelriss mit gelbem dicken Belag

---

1 Ernährung bei TCM - Magen - Feuer 1
2 Definition der möglichen Symptome 2
3 Therapiestrategie 4
4 Vermeiden 4
5 Speiseplan 5
   5.1 Frühstück 5
   5.2 Jause 5
   5.3 Mittag 5
   5.4 Nachmittag 6
   5.5 Abend 6
   5.6 Jederzeit 7
6 Rezepte 7
   6.1 Acht Schätze Reis 8
   6.2 Apfelmus mit Rosinen 8

6.3	Avocado mit Zitrone	9
6.4	Baby Gemüsebrei	9
6.5	Birnen Kompott	10
6.6	Birnensaft	10
6.7	Ente mit Mungobohnen	10
6.8	Erdbeersuppe mit Melonen	11
6.9	Erfrischende Gurkensuppe mit Kartoffeln	12
6.10	Frischkäseersatz	12
6.11	Gemüse-Grieß-Suppe	13
6.12	Geröstete Hirse mit Stangensellerie	13
6.13	Gerstenbrei mit Pflaumen	14
6.14	Grundrezept für eine Entenbrühe	14
6.15	Grundrezept für eine Reissuppe (Congee)	15
6.16	Gurkensuppe	15
6.17	Hirse mit Ei und Butter	16
6.18	Hühnersuppe mit Angelikawurzel und Bocksdornfrüchten	17
6.19	Italienischer Champignonreis	17
6.20	Kompott aus Äpfel	18
6.21	Kühlendes Reisgericht mit Grapefruit	18
6.22	Kuzusuppe in der Früh	19
6.23	Kuzuwasser	19
6.24	Polentaschnitte mit Ratatouille	19
6.25	Rasche Flocken mit Kompott oder Marmelade	20
6.26	Reis mit gedämpftem Gemüse	21
6.27	Reisbrei mit Orangenschale	21
6.28	Reis-Congee mit Honigbirne und schwarzem Sesam	22
6.29	Reis-Congee mit Mungobohnen	23
6.30	Reis-Dulse-Suppe	23
6.31	Reissuppe mit Ente	24
6.32	Rettichgemüse mit Meerrettich	24
6.33	Rote Linsen mit Avocado und Rettich	25
6.34	Schwarze Bohnen mit Avocado	26
6.35	Selleriesaft	26
6.36	Spinat mit Sesmammus (Tahin)	27
6.37	Tee Grüner	27
6.38	Tee Melissentee	28
6.39	Tee Stangensellerietee	28
6.40	Überbackenes Chicoréegemüse	28
6.41	Weizenfrischkornbrei mit Birnen	29
7	Wirkung der Lebensmittel	30
7.1	Zutaten verwenden: empfehlenswert Kalorien 100g.	30
7.2	Zutaten verwenden: ja	39
7.3	Zutaten verwenden: wenig	44

7.4 Kontraindikativ wirkende Lebensmittel nicht verwenden 46
8 Therapeutische Kräuter und deren Wirkungen 47
9 Kräuter aus den Rezepten und deren Wirkungen 48
   9.1 Basilikum 48
   9.2 Beifuß 48
   9.3 Bohnenkraut 48
   9.4 Dill 48
   9.5 Koriander 48
   9.6 Kresse 48
   9.7 Lauchzwiebel Schnittlauch 48
   9.8 Liebstöckel 49
   9.9 Lilienzwiebel 49
   9.10 Makannasternsamen 49
   9.11 Melisse 49
   9.12 Oregano frisch 49
   9.13 Petersilie 49
   9.14 Pfefferminze 49
   9.15 Rosmarin 49
   9.16 Salbei 50
   9.17 Schwarzkümmel 50
   9.18 Yamswurzel, Yamswurzelknolle 50
   9.19 Zitronenmelisse (frisch) 50
10 Grundlagen der Ernährung 50
   10.1 Ernährung 50
   10.2 Rezepte 53
      10.2.1 Rezepte nach Folge der Elemente kochen 53
   10.3 Lebensmittel 54
   10.4 Kräuter 55
11 Weitere Ernährungsvorschläge 57
12 EBNS - Software für die Ernährungsberatung 60

3 Therapiestrategie

Magenhitze kühlen, Magen-Qi nach unten leiten und tonisieren. - heiß NEIN, warm NEIN (außer ganz wenig süß scharf), alle andere Ja.

4 Vermeiden

Milchprodukte, Pizza, Fertiggerichte, alle scharf-bitter und salzig warm/heißen Gewürze, Knoblauch, rohe Zwiebel, salzige und saure Lebensmittel, Alkohol, Yogitee, gegrilltes, frittiertes, Fleisch, geröstetes, Kaffee, Schoko, Kakao, Zigaretten

5 Speiseplan

Kalorien

5.1 Frühstück

Apfelmus mit Rosinen	73
Avocado mit Zitrone	289
Baby Gemüsebrei	161
Birnensaft	180
Erfrischende Gurkensuppe mit Kartoffeln	148
Frischkäseersatz	526
Gemüse-Grieß-Suppe	198
Geröstete Hirse mit Stangensellerie	400
Gerstenbrei mit Pflaumen	106
Gurkensuppe	95
Hirse mit Ei und Butter	338
Italienischer Champignonreis	256
Kompott aus Äpfel	67
Kühlendes Reisgericht mit Grapefruit	234
Polentaschnitte mit Ratatouille	225
Rasche Flocken mit Kompott oder Marmelade	231
Reisbrei mit Orangenschale	119
Reis-Congee mit Honigbirne und schwarzem Sesam	158
Reis-Congee mit Mungobohnen	424
Reis-Dulse-Suppe	190
Reissuppe mit Ente	160
Rettichgemüse mit Meerrettich	196
Schwarze Bohnen mit Avocado	263
Selleriesaft	33
Tee Grüner	2
Überbackenes Chicoréegemüse	230
Weizenfrischkornbrei mit Birnen	309

5.2 Jause

Apfelmus mit Rosinen	73
Frischkäseersatz	526
Polentaschnitte mit Ratatouille	225

5.3 Mittag

Acht Schätze Reis	212
Apfelmus mit Rosinen	73

Avocado mit Zitrone 289
Baby Gemüsebrei 161
Birnensaft 180
Ente mit Mungobohnen 746
Erdbeersuppe mit Melonen 87
Erfrischende Gurkensuppe mit Kartoffeln 148
Frischkäseersatz 526
Gemüse-Grieß-Suppe 198
Geröstete Hirse mit Stangensellerie 400
Gerstenbrei mit Pflaumen 106
Gurkensuppe 95
Hirse mit Ei und Butter 338
Hühnersuppe mit Angelikawurzel und Bocksdornfrüchten 77
Italienischer Champignonreis 256
Kompott aus Äpfel 67
Kühlendes Reisgericht mit Grapefruit 234
Polentaschnitte mit Ratatouille 225
Reis mit gedämpftem Gemüse 92
Reisbrei mit Orangenschale 119
Reis-Congee mit Honigbirne und schwarzem Sesam 158
Reis-Congee mit Mungobohnen 424
Reis-Dulse-Suppe 190
Reissuppe mit Ente 160
Rettichgemüse mit Meerrettich 196
Rote Linsen mit Avocado und Rettich 268
Schwarze Bohnen mit Avocado 263
Selleriesaft 33
Spinat mit Sesmammus (Tahin) 150
Tee Grüner 2
Überbackenes Chicoréegemüse 230
Weizenfrischkornbrei mit Birnen 309

5.4   Nachmittag

Apfelmus mit Rosinen 73

5.5   Abend

Apfelmus mit Rosinen 73
Avocado mit Zitrone 289
Baby Gemüsebrei 161
Birnensaft 180
Erdbeersuppe mit Melonen 87
Erfrischende Gurkensuppe mit Kartoffeln 148

Frischkäseersatz 526
Gemüse-Grieß-Suppe 198
Geröstete Hirse mit Stangensellerie 400
Gerstenbrei mit Pflaumen 106
Hühnersuppe mit Angelikawurzel und Bocksdornfrüchten 77
Kompott aus Äpfel 67
Kühlendes Reisgericht mit Grapefruit 234
Polentaschnitte mit Ratatouille 225
Reis mit gedämpftem Gemüse 92
Reisbrei mit Orangenschale 119
Reis-Congee mit Honigbirne und schwarzem Sesam 158
Reissuppe mit Ente 160
Rettichgemüse mit Meerrettich 196
Rote Linsen mit Avocado und Rettich 268
Schwarze Bohnen mit Avocado 263
Selleriesaft 33
Spinat mit Sesmammus (Tahin) 150
Tee Grüner 2
Überbackenes Chicoréegemüse 230
Weizenfrischkornbrei mit Birnen 309

5.6 Jederzeit

Apfelmus mit Rosinen 73
Avocado mit Zitrone 289
Birnensaft 180
Geröstete Hirse mit Stangensellerie 400
Grundrezept für eine Reissuppe (Congee) 140
Kompott aus Äpfel 67
Polentaschnitte mit Ratatouille 225
Reisbrei mit Orangenschale 119
Reis-Congee mit Honigbirne und schwarzem Sesam 158
Selleriesaft 33
Tee Grüner 2
Weizenfrischkornbrei mit Birnen 309

6 Rezepte

empfehlenswert = Sie können mehr verwenden, weniger = wenn möglich weniger verwenden.
TL=Teelöffel, EL=Esslöffel, L=Liter, g=Gramm
M=Metall, W=Wasser, H=Holz, F=Feuer, E=Erde.
(Die Kochanleitung nach den Elementen finden Sie im Kapitel „Rezepte" am Ende des Buches.)

6.1 Acht Schätze Reis

Stärkt Niere und Blase, Baut Qi auf, Stärkt die Milz, Vertreibt Feuchtigkeit, reduziert innere Hitze, beugt Krebs vor, baut Herz auf, beruhigt Nerven.
Kalorien p. Portion 212
Kochdauer ca. 1 Stunde
Thermische Wirkung: neutral

Menge	Zutaten		
1 EL	Lilienzwiebel	empfehlenswert	
1 EL	Longane	wenig	
1 EL	Weißwurz	empfehlenswert	
1 EL	Yamswurzel, Yamswurzelknolle	empfehlenswert	
1 EL	Hiobsträne (Samen) YiYi Ren	ja	
1 EL	Makannasternsamen	empfehlenswert	
2 Tassen	Reis Wilder (Naturreis)	ja	M
8-10 Tassen	Wasser	ja	E

Kochanleitung:
Je 1 EL: Bai He (Lilienzwiebel), Longan (Longane/Drachenaugenfrucht), Yu Zhu (Wohlriechender Weißwurz-Wurzelstock), Da Zao, Shan Yao (Yamswurzel, Yamswurzelknolle), Lian Mi, Yi Yi Ren (Samen der Hiobsträne), Qian Shi (Makannasternsamen)

Mit heißem Wasser übergießen und ca. 30 Min einweichen. Anschließend: 1 – 2 Tassen Reis (normal) hinzufügen und ½ bis 1 Stunde köcheln, bis der Reis sehr weich ist. Oder: Mit Vollwertreis ca. 3 Stunden lang mit den Kräutern ein Congee kochen. Dann müssen die Kräuter nicht eingeweicht werden.

6.2 Apfelmus mit Rosinen

Nährt Säfte, reduziert Magenhitze, stärkt Milz, harmonisiert Magen. Befeuchtet, entspannt, baut Qi auf.
Kalorien p. Portion 73
Kochdauer ca. 25 Min.
Thermische Wirkung: kühl

Menge	Zutaten		
1 Kg	Apfel (süß)	ja	E
100 ml.	Wasser	ja	E
50 g.	Rosinen	wenig	E

Kochanleitung:
Die Äpfel waschen, schälen, vierteln und dabei das Kerngehäuse entfernen. Die Äpfel mit dem Wasser in einen Topf geben. Die Rosinen mit heißem Wasser waschen und dazugeben. Bei schwacher Hitze

etwa 10 Minuten dünsten, dann abkühlen lassen. Für Kinder bis zu 10 Monaten das Mus im Mixer fein pürieren. Für die Größeren mit dem Kartoffelstampfer zerdrücken. In Tiefkühlbeutel oder in leere Joghurtbecher füllen und verschließen. Die Joghurtbecher verschließen. Im Schockgefrierfach einfrieren und bei Bedarf bei Zimmertemperatur etwa 6 Stunden auftauen lassen. (Ca. 4 Monate haltbar).
Das Obstmus ist als Nachtisch oder Zwischenmahlzeit gedacht. Es wirkt verdauungsfördernd. Bei Durchfall lieber Bananenmus geben.

6.3 Avocado mit Zitrone

Nährt Yin von Leber, Lunge und Dickdarm, befeuchtet, verteilt, kühlt Hitze, bewahrt die Säfte, zieht zusammen
Kalorien p. Portion 289
Kochdauer ca. 5 Min.
Thermische Wirkung: kalt

Menge	Zutaten		
1/2 Stück	Avocado	empfehlenswert	E
1/2 Stück	Zitrone Saft	ja	H
1 Prise	Salz	wenig	W

Kochanleitung:
Avocado halbieren, Kern entfernen, Zitronensaft hineingießen, salzen und auslöffeln.

6.4 Baby Gemüsebrei

Stärkt Milz und Leber, reguliert Qi-Fluss, befeuchtet, entspannt, baut Qi auf, verteil, lindert Entzündungen, befeuchtet, entspannt. Stärkt Qi, Blut und Jing, Mittleren Erwärmer, stärkt Essenz, bewahrt die Säfte, zieht zusammen.
Kalorien p. Portion 161
Kochdauer ca. 20 Min.
Thermische Wirkung: neutral

Menge	Zutaten		
1 Stück	Kartoffel	empfehlenswert	E
100 g.	Karotte (Frühkarotte)	ja	E
30 g.	Huhn Fleisch	wenig	H
1 EL	Butter Bio	ja	E

Kochanleitung:
Die Kartoffel waschen und ungeschält in einen kleinen Topf legen. Mit wenig Wasser bedeckt zum Kochen bringen, dann die Kartoffel bei schwacher Hitze in 15-20 Minuten garen.
Inzwischen die Karotten waschen, putzen, schälen und in etwa 2 cm

große Stücke schneiden. Mit 3 Esslöffeln Wasser und dem Fleisch in einem Topf etwa 15 Minuten dünsten.
Die Karotten und das Fleisch mit einem Pürierstab fein zerkleinern. Die Butter dazugeben und alles pürieren.
(Wechseln Sie immer wieder die Gemüsesorte: Kohlrabi, Zucchini, Pastinaken)

6.5 Birnen Kompott

Befeuchtet Lunge, reduziert Lungenschleim, nährt Lungen Qi.
Kalorien p. Portion 100
Kochdauer ca. 20
Thermische Wirkung: kühl
Therapeutisches Rezept

Menge	Zutaten		
2 Tassen	Wasser	ja	E
4	Birne	empfehlenswert	E

Kochanleitung:
Bio-Birnen halbieren. Kerne und Haut können verwendet werden. Birne in den Topf geben und Wasser dazu. Bis zu 20 min köcheln, bis die Birnen weich sind.

6.6 Birnensaft

Befeuchtet Lunge, reduziert Lungenschleim, nährt Lungen Qi.
Kalorien p. Portion 180
Kochdauer ca. 5 min.
Thermische Wirkung: kühl

Menge	Zutaten		
3 Stück	Birne	empfehlenswert	E

Kochanleitung:
Birnen dünn schälen (Vitamine unter der Schale) und entkernen. In der Saftpresse entsaften.

6.7 Ente mit Mungobohnen

Nährt Yin. Reduziert Hitze und Gift, weicht auf, leitet nach unten. Stärkt Magen und Leber, reguliert Qi-Fluss, bei, befeuchtet, entspannt, verteilt. Löst Stagnation.
Kalorien p. Portion 746
Kochdauer ca. 2 Stunden
Thermische Wirkung: kühl

Menge	Zutaten		
1/2 Stück	Ente (Frühmastente, schlachtfrisch)	empfehlenswert	H
2 Stück	Zwiebel weiss	weniger als angegeben	M
1 Stück	Karotte (Mohrrübe, Möhre)	ja	E
1 Zehe	Knoblauch	weniger als angegeben	M
250 g.	Mungobohne	empfehlenswert	W
3 Stück	Pfeffer Körner	weniger als angegeben	M
1 TL	Honig	ja	E
1 TL	Sojasauce	ja	W
1 TL	Zitrone Saft	ja	H
1 Prise	Salz	wenig	W
1 Prise	Pfeffer (gemahlen)	weniger als angegeben	M
1 EL	Olivenöl	ja	E
2 Blätter	Lorbeerblatt	empfehlenswert	M
1 Prise	Schwarzkümmel	empfehlenswert	
1 TL	Bohnenkraut	empfehlenswert	W

Kochanleitung:
Am Vortag die Mungobohnen einweichen und die Ente kalt abspülen. Das Gemüse waschen, putzen und in grobe Stücke schneiden. Die Enten und das Gemüse in einen Topf geben und knapp mit Wasser bedecken. Lorbeerblätter, Bohnenkraut, Beifuß und Pfefferkörner dazugeben. Bei mittlerer mittlerer Hitze aufkochen und weitere 45 Minuten kochen lassen. Ab und zu abschäumen. Die Ente aus dem Fond nehmen, erkalten lassen und über Nacht kühl aufbewahren.

In einem Topf die gehackten Zwiebel in Olivenöl anschwitzen lassen und mit 1/4 Liter Fond aufgießen und das vorgekochte Gemüse hinzugeben. Die Mungobohnen hinzugeben und mit Honig, Sojasauce, Zitronensaft, Salz, zerstoßenem Schwarzkümmel und Pfeffer abschmecken.

Mit Reis oder Kartoffeln servieren.

6.8 Erdbeersuppe mit Melonen

Stärkt Blut, kühlt Blut, bewahrt die Säfte, zieht zusammen, befeuchtet, verteilt, stärkt Herz Yin.
Kalorien p. Portion 87
Kochdauer ca. 5 Min.
Thermische Wirkung: kühl

Menge	Zutaten		
300 g.	Erdbeere	ja	H
70 ml	Erdbeersaftgetränk	ja	H
1/4 TL	Zitrone Schale	ja	F
200 g	Honigmelone	empfehlenswert	E

Kochanleitung:
Erdbeeren (frisch oder tiefgekühlt) und Erdbeersaft mit dem Mixstab pürieren, wenig Zucker untermischen.
Melonenfruchtfleisch in kleine Stücke schneiden.
Erdbeersuppe portionsweise anrichten. Melonenwürfel in die süße Suppe setzen.

6.9 Erfrischende Gurkensuppe mit Kartoffeln

Diuretisch, reduziert feuchte Hitze, entgiftet. Stärkt Qi, stärkt Milz, lindert Entzündungen, verteilt.
Kalorien p. Portion 148
Kochdauer ca. 15 Min
Thermische Wirkung: kühl

Menge	Zutaten		
1 EL	Sesamöl	ja	E
4 Stück	Kartoffel	empfehlenswert	E
3 Stück	Zwiebel Frühlingszwiebel	weniger als angegeben	M
1 Prise	Pfeffer (gemahlen)	weniger als angegeben	M
1 Prise	Muskatnuss	weniger als angegeben	M
1 Prise	Salz	wenig	W
1/2 Stück	Zitrone	empfehlenswert	H
2 Stück	Gurke	empfehlenswert	E
1 EL	Sahne, süß 30%	wenig	H
1 EL	Dill	wenig	M

Kochanleitung:
In einem heißen Topf Sesamöl, kleingeschnittene Kartoffeln, reichlich Frühlingszwiebeln anbraten; Pfeffer, etwas Muskat, Salz, Zitronensaft, heißes Wasser, gewürfelte Salatgurke dazugeben; etwa 10 Minuten dünsten und danach pürieren; etwas süße Sahne nach Belieben, frischen Dill zufügen.
Variante: Etwas Chili, Oregano, Thymian oder Rosmarin dazugeben, um die abkühlende Wirkung zu mildern.

6.10 Frischkäseersatz

Kühlt Hitze, hält Säfte, baut Blut und Yin auf.
Kalorien p. Portion 526
Kochdauer ca. 20 Min.
Thermische Wirkung: kühl

Menge	Zutaten		
1 Liter	Sojabohnenmilch	empfehlenswert	E
1 Stück	Zitrone	empfehlenswert	H
2 EL	Kräuter verschiedene	empfehlenswert	
6 Scheiben	Vollkornbrot	wenig	H

Kochanleitung:
Sojamilch in einen Topf geben und unter gelegentlichem Rühren (brennt leicht an!) zum Kochen bringen, abkühlen lassen.
Zitrone auspressen und leicht unter die abgekühlte Sojamilch (ca. 80°C) rühren, ca. 20 min. ruhen bzw. gerinnen lassen.
Geronnene Sojamilch durch ein mit dem Geschirrtuch ausgelegtes Sieb schütten, Flüssigkeit ablaufen lassen und danach Restflüssigkeit mit dem Geschirrtuch auspressen.
Nach Geschmack mit frischen Kräutern verfeinern.
Dazu Vollkornbrot servieren.

6.11 Gemüse-Grieß-Suppe

Stärkt Milz und Leber, reguliert Qi-Fluss, baut Qi auf, trocknet aus, leitet nach unten. Diuretisch, reduziert Feuchtigkeit. Reguliert Qi, trocknet aus, leitet nach unten.
Kalorien p. Portion 198
Kochdauer ca. 20 Min. (+Grundrezept)
Thermische Wirkung: neutral

Menge	Zutaten		
1/2 Liter	Grundrezept für eine Gemüsebrühe	nahrhaftempfehlenswert	
1 Stück	Kartoffel	empfehlenswert	E
1 Stück	Pastinake	ja	F
1 Stück	Karotte (Mohrrübe, Möhre)	ja	E
150 g.	Sellerie Knolle	ja	E
1/2 Stück	Kohlrabi	ja	E
10 dag.	Bohnen (grün, frisch)	empfehlenswert	W
2 EL	Weizen Grieß	ja	H
1/2 TL	Liebstöckel	ja	M
1 EL	Butter Bio	ja	E
1 TL	Sojasauce	ja	W

Kochanleitung:
Vorbereitete Gemüsebrühe erhitzen; buntes Gemüse in der Brühe weich kochen. Etwas Weizen Grieß einstreuen und quellen lassen. Am Schluss reichlich Liebstöckelgrün und etwas Butter unterrühren und mit Sojasoße abschmecken.

6.12 Geröstete Hirse mit Stangensellerie

Stärkt Milz und Niere, diuretisch. Bewegt Leber-Qi, kühlt Hitze, befeuchtet, entspannt, baut Qi auf, verteilt.
Kalorien p. Portion 400
Kochdauer ca. 30
Thermische Wirkung: kühl

Menge	Zutaten		
1 Tasse	Hirse	ja	E
2 Tassen	Wasser	ja	E
2 Stangen	Sellerie Stangensellerie	empfehlenswert	E
1 EL	Kräuter verschiedene	empfehlenswert	
2 EL	Wasser	ja	E
1 Prise	Salz	wenig	W
3-4 Blätter	Salbei	ja	F
1 TL	Kresse	empfehlenswert	M

Kochanleitung:
Hirse kurz anrösten, mit Wasser übergießen kurz aufkochen und 20 min. quellen lassen.
Stangensellerie klein schneiden und mit Wasser, Salz und frische Kräuter 10 min. kochen und zu der Hirse geben. Frischen Salbei oder Kresse kleingehackt drüberstreuen.

6.13 Gerstenbrei mit Pflaumen

Stärkt Milz, kühlt Blase, diuretisch, befeuchtet Darm, entspannt, baut Qi auf, verteilt. Nährt Blut und Säfte, reguliert Qi, kühlt Leberfeuer, produziert Körpersäfte. Stärkt Qi und Nieren-Jing, befeuchtet, entspannt, baut Qi auf, verteilt.
Kalorien p. Portion 106
Kochdauer ca. 25 Min.
Thermische Wirkung: neutral

Menge	Zutaten		
10 Tassen	Wasser	ja	E
1 Tasse	Gerste	empfehlenswert	E
1 Tasse	Pflaume	ja	H
2 TL	Butter Bio	ja	E
1/2 TL	Zucker Ursüße (Zuckerrohr) süß	ja	E

Kochanleitung:
Die Gerste zu grobem Schrot mahlen und trocken anrösten. Heißes Wasser aufgießen und bei wenig Hitze zu einem Brei quellen lassen.
Am Ende Pflaumen, etwas Butter und Süßmittel zugeben.
Variante: Wenn es morgens schnell gehen soll, kann man an Stelle von Schrot Gerstenflocken verwenden.

6.14 Grundrezept für eine Entenbrühe

Stärkt Qi, Blut und Säfte, nährt Yin, stärkt Magen, kühlt Hitze. Stärkt Milz und Leber, bei Kindern: fördert Wachstum (v.a. des Gehirns).
Kalorien p. Portion 61
Kochdauer ca. 2-3 Stunden
Thermische Wirkung: kühl

Menge	Zutaten		
200 g.	Ente (Herz)	empfehlenswert	H
1/2 Liter	Wasser	ja	E
100 g.	Ente (Frühmastente, schlachtfrisch)	empfehlenswert	H
2 Stück	Karotte (Mohrrübe, Möhre)	ja	E
1/2 Stück	Sellerie Knolle	ja	E

Kochanleitung:
Entenklein mit Gemüse 2-3 Stunden köcheln. Brühe durch ein feines Tuch sieben und im Kühlschrank aufbewahren.
Variante: Die Innereien können weiterverwendet werden: Man schneidet sie fein und lässt sie einige Minuten mit frischem Gemüse in der Brühe ziehen. Vor dem Servieren mit Petersilie bestreuen.

6.15 Grundrezept für eine Reissuppe (Congee)

Wärmt Magen und Milz, harmonisiert den Darm, stärkt Qi-Funktion, reduziert Feuchtigkeit.
Kalorien p. Portion 140
Kochdauer ca. 2-4 Stunden
Thermische Wirkung: warm

Menge	Zutaten		
1 Tasse	Reis Sorte beliebig	ja	M
6 Tassen	Wasser	ja	E

Kochanleitung:
Man kocht Reis und Wasser in einem Verhältnis von etwa 1:6. Die Menge des Wassers bestimmt die Dicke des Breis (reine Geschmacksache). Der Reis quillt unwahrscheinlich auf, nehmen Sie also nicht viel. Geben Sie den Reis in einen Topf mit einem schweren Deckel. Wichtig ist, den Reis nach kurzem Aufkochen nur auf kleinster Flamme köcheln zu lassen, da er sonst anbrennt.
Kochen Sie den Reis 2-4 Stunden. Je länger er kocht, umso mehr stärkt er. Wenn Sie das Gericht zum Frühstück essen möchten, können Sie den Reis auch kurz vor dem Zubettgehen aufsetzen. Sicherheitshalber sollten Sie vorher einmal unter Beobachtung für eine ähnlich lange Zeit das Verhalten Ihres Topfes und Herdes prüfen, damit nichts anbrennt.

6.16 Gurkensuppe

Kühlt und befeuchtet, diuretisch, reduziert feuchte Hitze, entgiftet, entspannt, baut Qi auf, verteilt. Vertreibt Schleim, leitet nach unten, Aktiviert Wei Qi, stärkt Qi.
Kalorien p. Portion 95
Kochdauer ca. 20 min.
Thermische Wirkung: kühl

Menge	Zutaten		
2 EL	Olivenöl	ja	E
2 Stück	Gurke	empfehlenswert	E
1/2 Liter	Wasser	ja	E
3 Blätter	Salbei	ja	F
1/2 TL	Senf	empfehlenswert	M
1 Prise	Koriander	ja	M
1 Prise	Kardamom	weniger als angegeben	M
1 Prise	Salz	wenig	W

Kochanleitung:
Öl erhitzen, die klein geschnittenen Gurken kurz anrösten. Senfkörner, Koriander, Kardamom und Salz dazugeben und kürz dünsten. Mit dem Wasser übergießen. 10-15 min. köcheln lassen. Pürieren und mit frischen gehacktem Salbei dekorieren.

6.17 Hirse mit Ei und Butter

Stärkt Blut, Yin und Jing, nährt Yin, befeuchtet bei innerer Trockenheit, stärkt Blut, stärkt Milz, beruhigt Nerven und Magen. Stärkt Milz und Niere, diuretisch. Stärkt Qi und Nieren-Jing, befeuchtet, entspannt, baut Qi auf, verteilt.
Kalorien p. Portion 338
Kochdauer ca. 25 Min.
Thermische Wirkung: kühl

Menge	Zutaten		
1 Tasse	Hirse	ja	E
1/2 TL	Ingwer frisch	weniger als angegeben	M
1 Prise	Salz	wenig	W
2 EL	Petersilie	ja	H
1 Prise	Rosenpaprika	empfehlenswert	F
2 Stück	Huhn Ei	ja	E
2 EL	Butter Bio	ja	E
1 Prise	Muskatnuss	weniger als angegeben	M
2 Tassen	Wasser	ja	E

Kochanleitung:
Die Hirse mit dem Ingwer und Muskatnuss im Wasser kochen. 1 weiches Ei pro Person kochen und schälen; die Hirse auf Tellern auftürmen und je 1 Ei in eine Mulde im Hirseberg legen; Butterflöckchen darüber geben. Mit gehackter Petersilie und dem Rosenpaprika bestreuen.

6.18 Hühnersuppe mit Angelikawurzel und Bocksdornfrüchten

Stärkt Milz und nährt das Blut und das Yin der Leber. Stärkt Qi und Blut; ist sehr wärmend.
Kalorien p. Portion 77
Kochdauer ca. 1 1/2 Stunden
Thermische Wirkung: warm

Menge	Zutaten		
1/2 Liter	Grundrezept für eine Hühnerbrühe wärmend	ja	
5 g.	Angelikawurzel	empfehlenswert	
50 g.	Bocksdornfrüchte getrocknet	empfehlenswert	H

Kochanleitung:
Hühnerbrühe laut Grundrezepte. In den letzten 40 Minuten Angelikawurzel und Bocksdornfrüchte mitkochen.
Einnahme: Täglich 2-3 Tassen Brühe trinken.

6.19 Italienischer Champignonreis

Nährt Blut, befeuchtet, entspannt, baut Qi auf, verteilt. Wärmt Magen und Milz, harmonisiert den Darm, stärkt Qi-Funktion, reduziert Feuchtigkeit. Leitet nach oben. Befeuchtet, entspannt, baut Qi auf, verteilt.
Kalorien p. Portion 256
Kochdauer ca. 25 Min.
Thermische Wirkung: kühl

Menge	Zutaten		
2 Tassen	Reis Rundkornreis	ja	M
1/2 Liter	Wasser	ja	E
1 Prise	Pfeffer (gemahlen)	weniger als angegeben	M
1 Prise	Salz	wenig	W
1 Schuß	Zitrone Saft	ja	H
1 Prise	Rosenpaprika	empfehlenswert	F
250 g.	Champignon	empfehlenswert	E
1 TL	Olivenöl	ja	E
1 TL	Lauchzwiebel Schnittlauch	weniger als angegeben	M
2 EL	Parmesan	wenig	E

Kochanleitung:
Rundkornreis mit kaltem Wasser aufsetzen und gar kochen; gemahlenen Pfeffer, Salz, reichlich Zitronensaft, Rosenpaprika, etwas Olivenöl oder Butter dazugeben und alles gut durchmengen; reichlich feinblättrig geschnittene Champignons, Schnittlauch oder die grünen Teile der Frühlingszwiebel sowie etwas geriebenen Parmesan vorsichtig unterheben.
Passt zu: Gemüse- und Tofugerichten, Gerichten mit Tomatensoße.

6.20 Kompott aus Äpfel

Nährt Säfte, reduziert Magenhitze, stärkt Milz, produziert Essenz, harmonisiert Magen. Erwärmt Magen und Milz, fördert Durchblutung und Leitbahnfluss, lindert Kälte-Übel und Schmerzen.
Kalorien p. Portion 67
Kochdauer ca. 10 Min.
Thermische Wirkung: kühl

Menge	Zutaten		
1 Stück	Apfel (süß)	ja	E
2 Tassen	Wasser	ja	E
1 Prise	Zimtpulver	weniger als angegeben	M

Kochanleitung:
Äpfel (BIO) mit Schale und Kernen weich kochen. Mit Zimt bestreuen.

6.21 Kühlendes Reisgericht mit Grapefruit

Senkt das Lungen-Qi ab, nährt Säfte, löst Schleim, trocknet aus, leitet nach unten. Wärmt Magen und Milz, harmonisiert den Darm, stärkt Qi-Funktion, reduziert Feuchtigkeit. Stärkt Qi und Nieren-Jing, befeuchtet, entspannt, baut Qi auf, verteilt.
Kalorien p. Portion 234
Kochdauer ca. 20 Min.
Thermische Wirkung: neutral

Menge	Zutaten		
1 Tasse	Reis Rundkornreis	ja	M
5 Tassen	Wasser	ja	E
2 EL	Haselnüsse	ja	E
2 EL	Rosinen	wenig	E
1 EL	Agavendicksaft	empfehlenswert	
1 Prise	Salz	wenig	W
1 EL	Mandelmus	wenig	E
1 Stück	Grapefruit/Pampelmuse/Pomelo	ja	F
2 TL	Butter Bio	ja	E

Kochanleitung:
Vorbereitung am Vorabend: Rundkornreis in kaltes Wasser geben und kochen. In etwas heißem Wasser gehackte Haselnüsse, Rosinen über Nacht einweichen.

Am Morgen: In wenig heißes Wasser etwas Agavendicksaft einrühren; den Reis dazugeben und erhitzen; eine kleine Prise Salz, Mandelmus, kleingeschnittene Grapefruit, die eingeweichten gehackten Haselnüsse und Rosinen dazugeben und vermischen; mit einem kleinen Stück Butter darauf servieren.

6.22 Kuzusuppe in der Früh

Befeuchtet, entspannt, baut Qi auf, verteilt. Stärkt Magen, harmonisiert Mitte, reduziert innere Hitze, entgiftet, weicht auf, leitet nach unten.
Kalorien p. Portion 12
Kochdauer ca. 5 min.
Thermische Wirkung: neutral
Therapeutisches Rezept

Menge	Zutaten		
1 TL	Kuzu	empfehlenswert	E
1/4 Liter	Wasser	ja	E
1 Schuß	Sojasauce	ja	W
1 Messerspitze	Umeboshipaste	empfehlenswert	W

Kochanleitung:
Kuzu mit kaltem Wasser anrühren und unter Rühren zum Kochen bringen. Sobald es glasig wird vom Herd nehmen und abkühlen lassen. Mit Tamari und Umeboshipaste oder zerkleinerten Umeboshi-Pflaumen abschmecken
Es besteht immer die Möglichkeit Ihren Magen und Darm mit diesem Rezept vor dem richtigen Frühstück zu unterstützen.
Eine morgendliche Kur für Magen und Schleimhäute. Bringt den Basenhaushalt in Ordnung.

6.23 Kuzuwasser

Befeuchtet, entspannt, baut Qi auf, verteilt.
Kalorien p. Portion 6
Kochdauer ca. 5 Min.
Thermische Wirkung: heiß
Therapeutisches Rezept

Menge	Zutaten		
1/2 TL	Kuzu	empfehlenswert	E
1 Tasse	Wasser	ja	E

Kochanleitung:
Kuzu zerstoßen, mit lauwarmen Wasser aufgießen und kurz ziehen lassen bis eine milchige Flüssigkeit entsteht. Dann abseihen.

6.24 Polentaschnitte mit Ratatouille

Stärkt Magen-Qi, diuretisch, befeuchtet, entspannt, baut Qi auf, verteilt. Nährt Leber-Yin, kühlt Hitze, produziert Körpersäfte. Kühlt und bewegt Blut, reduziert äußeren und inneren Wind, reduziert innere Hitze.
Kalorien p. Portion 225
Kochdauer ca. 30 min

Thermische Wirkung: kühl

Menge	Zutaten		
1 Tasse	Mais Grieß (Polenta)	empfehlenswert	E
2 Tassen	Wasser	ja	E
1 Stück (große)	Aubergine	ja	E
2 Stück	Zucchini	empfehlenswert	E
2 Stück	Zwiebel weiss	weniger als angegeben	M
4 Stück (passiert)	Tomate	ja	H
2 EL	Olivenöl	ja	E
1 Prise	Salz	wenig	W
1 EL gehackte	Petersilie	ja	H
1/2 TL	Thymian	weniger als angegeben	W
2 EL gehackte	Zwiebel Frühlingszwiebel	weniger als angegeben	M
4 Blätter	Basilikum	weniger als angegeben	M
2 EL	Parmesan	wenig	E

Kochanleitung:
Doppelte Menge Wasser zu Polenta mit Salz und Öl zum Kochen bringen. Polenta unter ständigem Rühren einrieseln lassen. Vom Feuer nehmen und 20 min quellen lassen. Inzwischen geschnittene Zwiebel in Topf mit heißem Öl geben. Gewürfelte Zucchini, Tomaten und Melanzani dazugeben und ca 20 min dünsten. Basilikum, Thymian, Salz dazugeben.
Blech mit Öl bestreichen, Polenta gleichmäßig auftragen und warten bis es fester wird.
Gekochte Ratatouille auf Polenta darübergeben, portionieren und dann für paar min in den Backofen (eventuell mit geriebenen Parmesan).
Mit frischer Petersilie und fein geschnittenen Frühlingszwiebel bestreuen.
Der wertvolle Tipp: Die Polentaschnitten sind ideal für unterwegs

6.25 Rasche Flocken mit Kompott oder Marmelade

Stärkt Qi, trocknet aus, leitet nach unten. Stärkt Mittleren Erwärmer, befeuchtet. Befeuchtet, entspannt, baut Qi auf, verteilt. Stärken Nieren-Qi, -Essenz und Gehirn, stärkt Niere. Wärmt Mitte.
Kalorien p. Portion 231
Kochdauer ca. 5 min.
Thermische Wirkung: warm

Menge	Zutaten		
5–7 EL	Quinoa	ja	F
1/4 Liter	Wasser	ja	E
1 Tasse	Kirschenkompott	empfehlenswert	E
1 EL gerieben	Walnüsse	wenig	E
1 EL	Olivenöl	ja	E
2 EL	Honig	ja	E

1 Prise	Vanille	ja	E
1 Prise	Anis (gemeiner Fenchel)	weniger als angegeben	E
1 Prise	Kardamom	weniger als angegeben	M
1 Prise	Chili (Schote oder gemahlen)	weniger als angegeben	M

Kochanleitung:
Flocken in eine Pfanne geben und mit Wasser aufgießen. 3-5 Minuten aufkochen, vom Feuer ziehen, Nüsse und Kompott dazugeben. Ein Schuß Öl dazugeben. Süßen nach Bedarf mit Honig, Vollrohrzucker oder Agavendicksaft.

Gewürze und Aromen : Vanille, Anis, Fenchel oder Koriander, Kardamom, wenig Chili
Winter: Apfelkompott, Birnenkompott, Früchtemarmelade
Sommer: Zwetschkenkompott, Marillenkompott

6.26 Reis mit gedämpftem Gemüse

Leitet Hitze und Feuchtigkeit aus
Kalorien p. Portion 92
Kochdauer ca. 20 min (+Grundrezept)
Thermische Wirkung: neutral

Menge	**Zutaten**		
1 Tasse	Grundrezept für eine Reissuppe (Congee)	ja	
3 Tassen	Wasser	ja	E
1 Stück	Zitrone Schale	ja	F
1/8 Liter	Wasser	ja	E
2 Stück	Karotte (Mohrrübe, Möhre)	ja	E
1/2 Stück	Sellerie Stangensellerie	empfehlenswert	E
1/2 Tasse	Champignon	empfehlenswert	E
2 EL	Kresse	empfehlenswert	M
1 Schuß	Leinöl	ja	E

Kochanleitung:
Reis nach Grundrezept kochen. Zitronenschale mitkochen.
Wasser aufstellen und kleingeschnittene Karotten, Stangensellerie und Champignons in Gemüseeinsatz dämpfen bis sie weich sind.
Anschließend mit Kresse bestreuen. Dann ein Schuß hochwertiges kaltes Öl zugeben

6.27 Reisbrei mit Orangenschale

Wärmt Magen und Milz, harmonisiert den Darm, stärkt Qi-Funktion, reduziert Feuchtigkeit. Bewegt Leber-Qi, kühlt Hitze, befeuchtet, entspannt, baut Qi auf, verteilt. Nährt Blut, befeuchtet, entspannt, baut Qi auf, verteilt.
Kalorien p. Portion 119

Kochdauer ca. 10 Min. (+Grundrezept)
Thermische Wirkung: neutral

Menge	Zutaten		
1 Tasse	Reis Sorte beliebig	ja	M
6 Tassen	Wasser	ja	E
1/4 Stück	Orange abgeriebene Schale	empfehlenswert	
1 EL	Olivenöl	ja	E
1/2 Tasse	Champignon	empfehlenswert	E
1/2 Staude	Sellerie Stangensellerie	empfehlenswert	E
3-4 EL	Grundrezept für eine Hühnerbrühe wärmend	ja	
1 Prise	Salz	wenig	W

Kochanleitung:
Man kocht am Vortag Reis, Orangenschale und Wasser in einem Verhältnis von etwa 1:6. Die Menge des Wassers bestimmt die Dicke des Breis (reine Geschmacksache). Der Reis quillt unwahrscheinlich auf, nehmen Sie also nicht viel. Geben Sie den Reis in einen Topf mit guter Isolierung und einem schweren Deckel. Wichtig ist, denReis nach kurzem Aufkochen nur auf kleinster Flamme köcheln zu lassen, da er sonst anbrennt. Kochen Sie den Reis 2-4 Stunden. Je länger er kocht, umso mehr stärkt er Qi und Blut.
In einem Topf das Öl erhitzen, die kleingeschnittenen Champignon und Sellerie hineingeben, und kurz anbraten. Den Reis hinzugeben. Gemüsebrühe oder Wasser hinzugeben, aufwärmen, salzen.

6.28 Reis-Congee mit Honigbirne und schwarzem Sesam

Speziell bei Nieren Yin Mangel. Befeuchtet Lunge, kühlt Hitze, reduziert Lungenschleim, produziert Körpersäfte, befeuchtet, entspannt, baut Qi auf, verteilt. Befeuchtet Darm, nährt Yin.
Kalorien p. Portion 158
Kochdauer ca. 10 Min. (+Grundrezept)
Thermische Wirkung: neutral

Menge	Zutaten		
2 Tassen	Grundrezept für eine Reissuppe (Congee)	ja	
2 Stück	Birne	empfehlenswert	E
1 TL	Sesam, Schwarzer	empfehlenswert	H

Kochanleitung:
Reis-Congee nach Grundrezept kochen oder vorbereiteten verwenden.

Topf mit 3 cm Wasser befüllen und aufkochen lassen. Birnen vierteln (mit Haut und Kerne) und hineingeben und mit schwarzem Sesam 10 min zugedeckt köcheln lassen. Mit dem Reis mischen.

6.29 Reis-Congee mit Mungobohnen

Wärmt Magen und Milz, harmonisiert den Darm, stärkt Qi-Funktion, reduziert Feuchtigkeit. Reduziert Hitze und Gift, weicht auf, leitet nach unten. Befeuchtet, führt ab, antiparasitisch.
Kalorien p. Portion 424
Kochdauer ca. bis zu 2 Stunden
Thermische Wirkung: warm

Menge	Zutaten		
4 Tassen	Grundrezept für eine Reissuppe (Congee)	ja	
1/2 Tasse	Mungobohne	empfehlenswert	W
2 EL	Kräuter verschiedene	empfehlenswert	
2 EL	Rapsöl	ja	E

Kochanleitung:
Reis nach Grundrezept. Mungobohnen am Vortag einweichen und mit dem Reis mitkochen.

Zum Schluss frische Kräuter und einen Schuß hochwertiges kaltgepresstes Öl dazugeben.

6.30 Reis-Dulse-Suppe

Stärkt Milz und Leber, reguliert Qi-Fluss, entspannt, baut Qi auf, verteilt. trocknet aus, leitet nach unten. Stärkt Magen-Qi. Wärmt Magen und Milz, harmonisiert den Darm, stärkt Qi-Funktion, reduziert Feuchtigkeit.
Kalorien p. Portion 190
Kochdauer ca. 5 min (+Grundrezept)
Thermische Wirkung: warm

Menge	Zutaten		
4 Tassen	Grundrezept für eine Reissuppe (Congee)	ja	
1/2 Liter	Grundrezept für eine Gemüsebrühe	empfehlenswert	
2 EL	Dulse (Lappentang)	empfehlenswert	W

Kochanleitung:
Eine Portion vorgekochtes Grundrezept für eine Reissuppe (Congee) mit vorgekochtes Grundrezept für eine Gemüsebrühe nahrhaft aufwärmen.

Dulse im Backofen bei 220 Grad 3 Min. backen. Die knusprige Dulse über die Suppe streuen.

6.31 Reissuppe mit Ente

Nährt Yin. Wärmt Magen und Milz, harmonisiert den Darm, stärkt Qi-Funktion, reduziert Feuchtigkeit. Nährt Blut und Leber, harmonisiert Leber und Milz. Befeuchtet, entspannt, baut Qi auf, verteilt
Kalorien p. Portion 160
Kochdauer ca. 1 1/2 Stunden
Thermische Wirkung: kühl

Menge	Zutaten		
1 Tasse	Reis Rundkornreis	ja	M
8 Tassen	Wasser	ja	E
250 g.	Ente (Frühmastente, schlachtfrisch)	empfehlenswert	H
4-6 Stück	Shiitake, getrocknet	ja	E
2 EL	Petersilie	ja	H
1 TL	Butter Bio	ja	E
1 Schuß	Sojasauce	ja	W

Kochanleitung:
Shiitakepilze einweichen. Reissuppe nach Grundrezept zubereiten. In den letzten 30 Kochminuten Entenfleisch und Shiitakepilze zugeben. Austernpilze, Petersilie und etwas Butter erst ganz am Ende hineingeben. Mit Sojasoße nachwürzen.

Variante: Eingeweichte und gekochte Adzukibohnen zugeben. Sie verstärken den harntreibenden Effekt.

6.32 Rettichgemüse mit Meerrettich

Leicht erfrischend und befeuchtend löst Stagnation. Nährt Blut und Leber, harmonisiert Leber und Milz, stärkt Sehkraft, bewahrt die Säfte, zieht zusammen. Nährt Lunge und Milz, vertreibt Schleim, löst Schleim, löst Stagnation, leitet nach oben.
Kalorien p. Portion 196
Kochdauer ca. 30 Min.
Thermische Wirkung: neutral

Menge	Zutaten		
1 EL	Butter Bio	ja	E
1/2 Stück	Rettich (weiß, grün, lila-rot)	ja	M
3 EL	Wasser	ja	E
2 EL	Zitrone Saft	ja	H
2 EL	Weißwein	weniger als angegeben	H
1 Prise	Rosenpaprika	empfehlenswert	F
1 TL	Sesamöl	ja	E
2-3 EL	Rettich Meerrettich (Kren)	empfehlenswert	M
1 Prise	Salz	wenig	W
1 Bund	gehackte Petersilie	ja	H

1/2 Tasse	Reis Langkornreis	empfehlenswert	M
3 Tassen	Wasser	ja	E
1 Prise	Salz	wenig	W

Kochanleitung:
In einer heißen Pfanne die Butter schmelzen, in Stifte geschnittenen Rettich andünsten. Mit kaltem Wasser aufgießen, Zitronensaft, Weißwein, eine Prise Rosenpaprika und das Sesamöl unterrühren; mit 2 - 3 EL frisch geriebenem Meerrettich (ersatzweise 1 TL aus dem Glas), Salz abschmecken; gehackte Petersilie drüberstreuen.

Reis mit dem Wasser aufstellen, salzen und ca. 15 Min. kochen lassen.

6.33 Rote Linsen mit Avocado und Rettich

Nährend und befeuchtend baut Qi und Säfte auf. treibt Schweiß, reduziert Blutfett, regt an, löst Stagnation.
Kalorien p. Portion 268
Kochdauer ca. 20 Min.
Thermische Wirkung: kühl

Menge	**Zutaten**		
2 Scheiben	Ingwer frisch	weniger als angegeben	M
2 Tassen	Wasser	ja	E
1 Tasse	Linsen rot geschält	ja	W
3 cm.	Wakame	ja	W
1 Prise	Salz	wenig	W
1 Spritzer	Zitrone Saft	ja	H
1 Prise	Curcuma (Gelbwurz)	weniger als angegeben	
1 Stück	Avocado	empfehlenswert	E
1 Prise	Pfeffer (gemahlen)	weniger als angegeben	M
1 Prise	Rosenpaprika	empfehlenswert	F
1 Schuß	Sesamöl	ja	E
1 Tasse	Rettich (weiß, grün, lila-rot)	ja	M

Kochanleitung:
Etwas kleingeschnittenen Ingwer in einen Topf geben; kaltes Wasser, geschälte rote Linsen, ein Stück Wakame oder eine kleine Menge Hijiki dazugeben und gar köcheln; mit Salz, etwas Zitronensaft, Kurkuma abschmecken.
Währenddessen: ½ Avocado pro Portion auf einem Drittel des Tellers anrichten: gemahlenen Pfeffer, eine Prise Salz, etwas Zitronensaft, eine Prise Rosenpaprika, ganz wenig Sesamöl darübergeben; geraspelter Rettich auf das zweite Tellerdrittel geben; das Linsengericht in das letzte Drittel des Tellers füllen.
Variante: Radieschenscheiben an Stelle des Rettichs verwenden.

6.34 Schwarze Bohnen mit Avocado

Nährend und leicht erfrischend, baut Säfte auf, sättigend. Stärkt Magen und Niere, Milz und Niere.
Kalorien p. Portion 263
Kochdauer ca. 1 Stunde
Thermische Wirkung: kühl

Menge	Zutaten		
1 Tasse	Schwarze Bohnen	empfehlenswert	W
4 Tassen	Wasser	ja	E
1 Spritzer	Zitrone	empfehlenswert	H
1 Prise (Pulver)	Boxhornkleesamen	weniger als angeben	
1 EL	Sesamöl	ja	E
1 TL	Ingwer frisch	weniger als angeben	M
2 cm.	Wakame	ja	W
1 Schuß	Sojasauce	ja	W
1 Stück	Avocado	empfehlenswert	E

Kochanleitung:
Vorbereitung am Vortag: 2 Tassen schwarze Bohnen in etwa 6 Tassen kaltem Wasser 6- 8 Stunden einweichen
Danach - ebenfalls am Vortag: Einweichwasser wegschütten; die schwarzen Bohnen mit 4 Tassen frischem kaltem Wasser aufsetzen; einen Spritzer Zitronensaft, etwas Bockshornkleesamenpulver, 1 EL Sesamöl, 1 TL geriebenen Ingwer zufügen; ein Stück Wakame oder 1 EL Hijiki dazugeben; etwa 45 Minuten köcheln lassen; mit dem Pürierstab pürieren; mit reichlich Sojasoße abschmecken.
Am Morgen: ½ Avocado pro Portion schälen und in Schiffchen schneiden; zusammen mit der warmen Bohnenpaste servieren.
Hinweis: Die schwarzen Bohnen können für 2 - 3 Tage vorgekocht werden, um dann mit wenig Aufwand als Frühstück oder für andere Mahlzeiten verwendet zu werden.

6.35 Selleriesaft

Stärkt Magen-Qi, befeuchtet, entspannt, baut Qi auf, verteilt.
Kalorien p. Portion 33
Kochdauer ca. 5 Min.
Thermische Wirkung: kühl

Menge	Zutaten		
1/2 Stück	Sellerie Knolle	ja	E
1 Tasse	Wasser	ja	E
1 Prise	Salz	wenig	W

Kochanleitung:
Seller Knolle entsaften und mit Wasser mischen und nach Bedarf salzen.

6.36 Spinat mit Sesmammus (Tahin)

Nährt Blut und Yin, stärkt Zang-Organe, stärkt Magen-Darm, harmonisiert Qi, befeuchtet Lunge. Stärkt Qi, stärkt Milz, lindert Entzündungen, befeuchtet, entspannt, baut Qi auf, verteilt. Nährt Blut.
Kalorien p. Portion 150
Kochdauer ca. 20 Min.
Thermische Wirkung: kühl

Menge	Zutaten		
500 g.	Kartoffel	empfehlenswert	E
1 Prise	Salz	wenig	W
1/4 Liter	Wasser	ja	E
1 Kg	Spinat	empfehlenswert	E
2 EL	Sesam Paste (Tahini)	empfehlenswert	E

Kochanleitung:
Kartoffeln kochen und schälen. Wasser erhitzen. Spinat blanchieren. Wasser abschütteln und trocknen lassen und mit Sesammus verrühren.

6.37 Tee Grüner

Reduziert innere Hitze, löst Schleim, entgiftet.
Kalorien p. Portion 2
Kochdauer ca. 10 Min.
Thermische Wirkung: kühl

Menge	Zutaten		
1 TL	Grüner Tee	empfehlenswert	F
1 Tasse	Wasser	ja	E

Kochanleitung:
Pro Tasse verwendet man einen Teelöffel voll oder einen Teebeutel. Grüntee nur mit 60 bis 80 °C heißem Wasser übergießen, da er sonst bitter wird.
Soll der Tee eine anregende Wirkung haben, lässt man ihn zwei bis drei Minuten ziehen. Eher beruhigend wirkt er bei einer Ziehdauer von fünf Minuten (nicht länger, sonst wird er bitter!).
Eine andere Methode: Man übergießt die Teeblätter mit ca. 70 °C heißem Wasser und gießt das Wasser sofort wieder ab. Dann einfach noch mal heißes Wasser nachgießen. Die Bitterstoffe verschwinden und der Tee bekommt ein milderes Aroma.

6.38 Tee Melissentee

Bewahrt die Säfte, zieht zusammen, Beruhigt Le-Feuer, beruhigt Shen, regt Lungen Qi an.
Kalorien p. Portion 0
Kochdauer ca. 10 Min.
Thermische Wirkung: warm
Therapeutisches Rezept

Menge	Zutaten		
2 TL	Melisse	empfehlenswert	H
1/2 Liter	Wasser	ja	E

Kochanleitung:
Wasser zum sieden bringen und wegstellen. Melisse dazugeben und 10 min. ziehen lassen. Ev. mit Honig süßen.

6.39 Tee Stangensellerietee

Bewegt Leber-Qi, kühlt Hitze, befeuchtet, entspannt, baut Qi auf, verteilt.
Kalorien p. Portion 0
Kochdauer ca. 15 Min.
Thermische Wirkung: kühl
Therapeutisches Rezept

Menge	Zutaten		
2 EL gehackte	Sellerie Stangensellerie	empfehlenswert	E
1/2 Liter	Wasser	ja	E

Kochanleitung:
Wasser zum sieden bringen und wegstellen. Kleingeschnittene Stangensellerie dazugeben und 10 min. ziehen lassen. Ev. mit Honig süßen. Beim eingießen abseihen.

6.40 Überbackenes Chicoréegemüse

Erfrischend, bringt das Qi nach unten.
Kalorien p. Portion 230
Kochdauer ca. 20 Min.
Thermische Wirkung: kühl

Menge	Zutaten		
4 Stück	Chicorée	empfehlenswert	F
2 EL	Sahne, süß 30%	wenig	H
2 EL	Brösel (Weizenbrot, Semmel)	ja	H
1/2 Tasse	Reis Basmatireis	ja	M
3 Tassen	Wasser	ja	E

| 1 Prise | Salz | wenig | W |

Kochanleitung:
In heißem Wasser Chicorée im Ganzen etwa 5 Minuten blanchieren; in eine Auflaufform geben; etwas süße Sahne darübergeben; Semmelbrösel über den Chicoree geben und überbacken.

Den Reis im gesalzenen Wasser zustellen, aufkochen lassen und bei kleiner Hitze ca. 15 Min. Quellen lassen.

6.41 Weizenfrischkornbrei mit Birnen

Befeuchtet Lunge, kühlt Hitze, reduziert Lungenschleim. Nährt Yin von Herz und Niere, stärkt Herz und Niere. Befeuchtet, entspannt, baut Qi auf, verteilt.
Kalorien p. Portion 309
Kochdauer ca. 25 Min.
Thermische Wirkung: kühl

Menge	Zutaten		
1 Tasse	Weizen	ja	H
2-4 Tassen	Wasser	ja	E
2 Stück	Birne	empfehlenswert	E
1 EL	Rosinen	wenig	E
1 EL	Sesam, Weißer	empfehlenswert	E
1 EL	Sonnenblumenkerne	ja	E
1 Prise	Kardamom	weniger als angegeben	M
1 Prise	Salz	wenig	W

Kochanleitung:
Vorbereitung am Vorabend: Weizen grob schroten; über Nacht einweichen.

Am Morgen: Mit etwas heißem Wasser den Weizenschrot aufsetzen; etwa 15 Minuten unter Rühren köcheln; währenddessen, Birnenkompott, Rosinen, zerstoßenen Sesam, Sonnenblumenkerne, etwas gemahlenen Kardamom, eine kleine Prise Salz dazugeben.

Varianten: mit geriebenem Apfel oder mit Obst der Saison.

7 Wirkung der Lebensmittel

7.1 Zutaten verwenden: empfehlenswert   Kalorien 100g.

Aal geräuchert 291
Acaipulver 393
Acerola Fruchtnektar oder Pulver 35
Agavendicksaft 312
Aloesaft .... -
Amaranth POPS 374
Andornkraut .... -
Angelikawurzel .... -
Apfelmus 72
Aprikose getrocknet 249
Aprikosen Marmelade 272
Aprikosennektar 58
Astronautenkost 418
Austern 72
Austernschalenpulver .... -
Avocado 233
Backpulver 156
Baldrian .... -
Banchatee .... -
Bärentraubenblätter .... -
Bärlauch (Knoblauchspinat) .... -
Barsch 121
Bataviasalat .... -
Beeren der Saison .... -
Beerensaft .... -
Benediktendistel .... -
Berberitzenrindetee .... -
Bier (alkoholarm) 55
Bier (alkoholfrei) 26
Birne 60
Bitter Lemon 52
Bitterklee .... -
Bitterlikör .... -
Bitterorangenschale .... -
Blätterteig 418
Blattsalate (bitter) 16
Blütenpollen .... -
Bocksdornfrüchte (Fructus Lycii) getrocknet 73
Bockshornklee .... -

Bohnen (grün, frisch)	35
Bohnenkraut	50
Borretsch	21
Brennnessel	24
Brombeerblätter	-
Brombeere getrocknet (unreife)	-
Brombeermarmelade	267
Buchweizen (geröstet) Kasha	-
Buschbohnen	26
Butterbohnen weiße	274
Butterschmalz	897
Calamari	88
Campari	-
Champignon	27
Chana-Dal	-
Chenpi (chinesische Mandarinenschale)	-
Chicorée	16
Chinakohl	16
Chrysanthemenblütentee	-
Colagetränk	60
Colagetränk (kalorienarm)	4
Cranberrys	53
Currypaste rot	104
Dashi	167
Datteln rot	143
Dinkel	320
Dinkel Brot	337
Dinkel Vollkornmehl	337
Dornhai (Seeaal, Schillerlocken)	154
Dorsch	96
Dulse (Lappentang)	246
Eibennuss	-
Eibisch	-
Endiviensalat	19
Ente (Frühmastente, schlachtfrisch)	227
Ente (Herz)	-
Entenei	186
Enziantee	-
Enzianwurzel	-
Erdbeermarmelade	268
Erdnuss (geröstet)	629
Erdnussbutter	611
Essig Aceto Balsamico weiss	21

Färberdistel (Hong Hua) .... -
Färberginsterkraut .... -
Fenchelsamen gemahlen 348
Fernet Branca (Kräuterbitterlikör) .... -
Fisch Innereien .... -
Fischreste .... -
Fischsauce 30
Fischstücke gemischt (Süßwasser) 100
Flohsamen 10
Flunder 117
Forelle 105
Forelle (geräuchert) 120
Frischkäse aus Soja 363
Früchtetee 1
Fruchtzucker (Fruktose, Traubenzucker) 406
Gagelpflaume .... -
Galgant .... -
Gans 342
Gans (Gänseklein) 354
Gans (Gänseschmalz) 900
Gänseblümchen .... -
Gänseblut .... -
Gänseei 192
Garam Masala Pulver .... -
Gelatine weiss .... -
Gelee Royal .... -
Gerste 354
Gerste (Nacktgerste) 354
Gerstengras Pulver 371
Gerstengraupen 350
Gerstenmalz 291
Gerstenmehl 354
Ginkgofrucht 3.600
Ginseng .... -
Ginsenglikör .... -
Ginsengwurzel .... -
Glühweingewürzmischung .... -
Grapefruit getrocknete Schale .... -
Graskarpfen .... -
Grundrezept für eine Entenbrühe 660
Grundrezept für eine Fischbrühe 82
Grundrezept für eine Gemüsebrühe nahrhaft 19
Grundrezept für eine Rinderbrühe .... -

Grundrezept für eine Rinderbrühe (klar) 34
Grundrezept für eine Rindermarkknochenbrühe .... -
Grüner Tee 149
Guave .... -
Gurke 13
Gurke (bitter) 12
Gurke (Gewürzgurke) 13
Hagebutte 246
Hagebuttentee 205
Haifisch .... -
Hase, wild 113
Hefe 313
Heidelbeere getrocknet 72
Heidelbeermarmelade 271
Heilbutt 101
Hering 234
Hibiskustee .... -
Hijiki 139
Himbeerblättertee .... -
Himbeermarmelade 269
Hirsch Knochen .... -
Hirsch Nieren .... -
Hokkaidokürbis 27
Holunderbeeren 53
Honigmelone 21
Honigwein (Met) 110
Hopfen .... -
Huhn Blut .... -
Huhn Eigelb 354
Huhn Eiweiß 50
Huhn Herz 124
Huhn Leber 136
Huhn Magen .... -
Ingweröl .... -
Jakobstränen .... -
Jasminblütentee .... -
Johannisbeermarmelade (rot) 272
Johannisbeermarmelade (schwarz) 278
Johannisbeernektar (schwarz) 70
Johannisbrotkernmehl 60
Kabeljau 76
Kaffeeweißer 549
Kaki-Pflaume 71

Kaktusfeige	-
Kalmus	-
Kamille	1
Kamillentee	-
Kaninchen Fleisch	154
Kaninchen Leber	-
Kapern (eingelegt)	23
Kapuzinerkresse	-
Karausche	112
Karpfen	127
Kartoffel	68
Kartoffel (mehlige)	68
Kartoffelmehl	-
Käsepappeltee	-
Kastanien Püree (Maronen)	173
Kerbel	-
Kerbel getrocknet	209
Kirsche (sauer)	53
Kirschenkompott	85
Klementine	33
Kohlrübe	22
Kokosfett	894
Kokosnussfleisch	367
Kompott (Früchte der Saison)	-
Kopfsalat	17
Koriandergrün	266
Korinthen (rot)	21
Korinthen (schwarz)	28
Kräuter der Provence	-
Kräuter verschiedene	-
Kräuter Wildkräuter	-
Kräuterteemischung	1
Kresse	38
Kukichatee	-
Kümmel	333
Kümmel gemahlen	333
Kurkuma (Gelbwurz)	376
Kuzu	342
Lachs	130
Lamm Knochen	-
Lamm Leber	133
Lamm Nieren	-
Lamm Schulter	234

Lavendelblüten ... -
Leberglättertee ... -
Liebstöckelsamen ... -
Lilienzwiebel ... -
Limabohnen ... 80
Lindenblütentee ... -
Löffelbiskuit ... 416
Loquate/Japanische Mispel ... 47
Lorbeerblatt ... 313
Lotossamen ... -
Lotoswurzeln ... -
Löwenzahnsaft ... -
Luohan-Frucht ... -
Lycheelikör ... -
Mais Grieß (Polenta) ... 345
Maishaartee ... -
Maisstärke ... 370
Makannasternsamen ... -
Makrele ... 180
Malzbier ... 48
Mandeln ... 640
Mangosaft ... 50
Marillensaft ... 58
Martini ... -
Mascarpone ... 434
Mayonnaise 50% ... 482
Mayonnaise 80% ... 744
Meeräsche ... 113
Melisse ... -
Mineralwasser ... -
Mirabelle ... 67
Miso schwarz (fermentiert) ... 124
Mispel ... 42
Mittelmeerfisch (Kabeljau, Scholle, Schellfisch, Seeaal, Makrele) ... -
Mixed Pickels ... 1
Moosbeere ... 48
Mu-Erh-Pilz ... -
Mungobohne ... 273
Mungobohnensprossen ... 24
Müsli ... 359
Nektarine ... 56
Nierenbohnen (rote) ... 314
Nori, Purpurtang, Rotalge ... 40

Obstmischung Fruchtsaft 63
Odermennig .... -
Oliven grün 144
Orange abgeriebene Schale .... -
Orange getrocknete Schale .... -
Orange Schale .... -
Orangenblüten .... -
Orangenmarmelade 273
Oregano frisch 68
Palmöl 898
Paprika (süß) 24
Paranuss 703
Passionsblumenblütentee .... -
Passionsfrucht (Maracuja) 79
Peperoni 20
Peperoni, gelb, entkernt, halbiert .... -
Peperoni, rot, entkernt, halbiert .... -
Petersilienwurzel 33
Pfefferminze 43
Pfefferminztee 375
Pferd Fleisch 119
Pflaume getrocknet 261
Pintobohnen gesprenkelt .... -
Preiselbeermarmelade 271
Prosecco 75
Puddingpulver Vanille 382
Pute Schinken 102
Qualle .... -
Radicchio 17
Reineclaude 72
Reis Langkornreis 347
Reishi 27
Rettich Meerrettich (Kren) 48
Rettichblätter (vom Wochenmarkt) .... -
Rind Herz 124
Rind Herz (Kalb) 114
Rind Knochenmark 837
Rind Lunge (Kalb) 94
Rind Niere 116
Rind Ochsenschwanzstücke 184
Rind Suppenfleisch 148
Rosenblättertee .... -
Rosenblütentee .... -

Rosenpaprika .... -
Rosenpaprika Pulver 306
Rotbarsch 105
Rote Rübe 42
Rucola (Rauke) 17
Rum 312
Salz Kräutersalz 21
Sanddorn 100
Sardellen/Sardine 124
Schafgarbe .... -
Schlehdorn 58
Schnecke .... -
Schokolade (Diabetiker) 409
Scholle 112
Schwarze Bohnen .... -
Schwarzer Fungu Pilz 211
Schwarzkümmel 899
Schwedenkraut .... -
Schwein Blut .... -
Schwein Darm .... -
Schwein Fett .... -
Schwein Fleisch 336
Schwein Haut .... -
Schwein Haxe (Eisbein) 194
Schwein Herz 89
Schwein Hirn .... -
Schwein Leber 124
Schwein Lunge .... -
Schwein Magen .... -
Schwein Markknochen (Röhrenknochen) .... -
Schwein Mettwurst .... -
Schwein Nieren 114
Schwein Schinken 127
Schwein Schinken gekocht 216
Schwein Schinkenspeck 500
Schwein Schmalz 883
Seegurke .... -
Sellerie Stangensellerie 17
Senf 143
Senf Dijon 85
Senf mittelscharf 86
Senf süß 187
Sesam Paste (Tahini) 663

Sesam, Schwarzer	594
Sesam, Weißer	594
Sesamöl geröstet	896
Sherry	-
Shrimps	80
Soja Cuisine (Soja-Sahne)	418
Soja Tofu	72
Soja Tofu geräuchert	72
Sojabohne	418
Sojabohnen, Schwarze, fermentiert	418
Sojabohnenmilch	31
Sojamehl	418
Soja-Nudeln	325
Spinat	16
Spitzwegerichtee	-
Stevia (Süßkraut)	-
Süßholzwurzeltee	-
Süßwasserfisch	-
Süßwasserkrebs	-
Tabasco	70
Taube	-
Taube Ei	-
Teemischung Harnsäuresenkend	-
Thunfisch	256
Thymian getrocknet	276
Tomate getrocknet	105
Tomatenmark	175
Tomatenpüre	17
Tomatensaft	15
Tonicwasser	38
Traubenkernöl	968
Trüffel	56
Umeboshipaste	41
Vanilleschote	261
Vanillezucker Natur	389
Vogelmiere	-
Wachskürbis	14
Wachtel	175
Wachtel Ei	154
Walderdbeeren	-
Walnussöl	896
Wassermelone	34
Weißdorn	-

Weißfischchen ... -
Weißwurz ... -
Weizen Gras Pulver ... -
Weizengrassaft ... -
Wermut ... -
Wermutkraut ... 80
Wildkräuter ... -
Yamswurzel, Yamswurzelknolle ... -
Ziegen- und Schafsblut ... -
Ziegen- und Schafshirn ... -
Ziegen- und Schafsleber ... -
Ziegen- und Schafsmagen ... -
Zitrone ... 100
Zitronengras ... -
Zitronenmelisse (frisch) ... 43
Zitronenmelisse (getrocknet) ... 294
Zucchini ... 19
Zucker (Staubzucker) ... 400
Zucker Melasse ... 400
Zucker Palmzucker ... 400
Zuckerersatz (Süßstoff) ... -
Zwetschken ... 43

7.2 Zutaten verwenden: ja

Adzukibohnen ... 263
Agar-Agar, Agartang ... 37
Ahornsirup ... 268
Amaranth ... 374
Apfel (süß) ... 60
Apfelsaft (Naturtrüb) ... 50
Artischocke ... 12
Aubergine ... 25
Bambussprossen ... 10
Bier (Altbier) ... 43
Bier (Pils) ... 40
Blumenkohl (Karfiol) ... 27
Borretschöl ... -
Brokkoli ... 33
Brombeere ... 29
Brösel (Weizenbrot, Semmel) ... 263
Brot mit Johannisbrotkernmehl ... 222
Brötchen (Semmel) ... 263

Buchweizen	-
Buchweizen Vollkorn	351
Butter Bio	754
Cashewnüsse	600
Chlorella (Süßwasser)	-
Dinkel Flocken	327
Distelöl	899
Eisbergsalat	13
Erbse, grün	81
Erbsen	145
Erdbeere	37
Erdbeersaftgetränk	30
Erdnüsse	-
Erdnussöl	895
Estragon	52
Feige	78
Feige getrocknet	239
Feldsalat	14
Flaschenkürbis	13
Gemüsesaft	18
Gerstengrütze	314
Grapefruit/Pampelmuse/Pomelo	43
Grapefruitsaft	47
Grundrezept für eine Hühnerbrühe wärmend	39
Grundrezept für eine Reissuppe (Congee)	50
Haselnüsse	656
Hiobsträne (Samen) YiYi Ren	-
Hirse	362
Hirseflocken	369
Holunderblütentee	237
Honig	302
Huhn Ei	154
Joghurt (Natur, 1,5 % Fett)	48
Joghurt (Natur, 3,5 % Fett)	68
Karambole/Sternfrucht	31
Karotte (Frühkarotte)	21
Karotte (Mohrrübe, Möhre)	41
Karottensaft ohne Zucker	41
Kaviar	239
Kichererbsen	346
Klettenwurzeltee	-
Knäckebrot	358
Kohlrabi	31

Kokosflocken	604
Kokosraspeln	604
Kombualge	-
Koriander	321
Krabbe	-
Kräuter bittere	-
Kürbis	27
Kürbiskerne	597
Kürbiskernöl	830
Leinöl	900
Liebstöckel	42
Linsen (Helmbohnen)	110
Linsen gelb	77
Linsen rot	77
Linsen schwarz	77
Löwenzahn (junger)	46
Löwenzahnwurzeltee	-
Lychee	76
Lychee (Konserve)	98
Mais	375
Malz	281
Mango	59
Mangold	23
Maniokmehl	337
Margarine	720
Margarine (Diät)	720
Maulbeerfrucht	36
Meereskrebs	-
Miesmuscheln	51
Miso	198
Morchel (schwarz, getrocknet)	10
Nachtkerzenöl	-
Oliven	352
Olivenöl	897
Pastinake	22
Petersilie	53
Pfeilwurzelmehl	-
Pfifferlinge/Eierschwammerl	12
Pflaume	47
Pinienkerne	674
Pistazien	638
Quinoa	343
Quitte	38

Radieschen ... 20
Rapsöl ... 917
Reis Basmatireis ... 334
Reis Gaoliangreis (Sorghum) ... -
Reis Klebreis ... 360
Reis Reisschleim ... 353
Reis Roter ... -
Reis Rundkornreis ... 350
Reis Schwarzer ... -
Reis Sorte beliebig ... 351
Reis Vollkorn ... 353
Reis Wilder (Naturreis) ... 353
Reismehl ... 351
Reisstärke ... 343
Rettich (weiß, grün, lila-rot) ... 19
Rettich schwarz ... 19
Rind Leber ... 121
Roggen ... 312
Roggenmehl ... 312
Römersalat/Lattich-Salat ... -
Rosenkohl ... 29
Rotkohl ... 18
Safran ... 349
Salbei ... 315
Saubohnen (Dicke Bohnen) ... 309
Schafgarbentee ... -
Schwarzaugenbohnen ... -
Schwarztee ... 157
Schwarzwurzel ... 17
Sellerie Knolle ... 17
Sesamöl ... 896
Shiitake, getrocknet ... 355
Silbermorchel, getrocknet ... -
Sojabohnen, Gelbe ... 418
Sojabohnen, Schwarze ... 418
Sojaöl ... 899
Sojapaste (Miso) ... 58
Sojasauce ... 70
Sonnenblumenkerne ... 524
Sonnenblumenöl ... 898
Spargel (grün oder weiß) ... 15
Speiserüben ... 26
Steinpilz/Herrenpilz ... 20

Süßkartoffel	118
Tintenfisch	87
Tomate	17
Topinambur / Erdbirne	31
Trauben rot	73
Trauben weiß	73
Traubensaft rot	73
Traubensaft weiß	73
Vanille	-
Vanillepulver	-
Vogerlsalat (Pflücksalat)	10
Vollkornmehl	187
Wakame	-
Wasser	-
Wasser heiss	-
Weißbrot (Weizenbrot)	263
Weißbrot Baguette	263
Weißbrot Salzstangerl	263
Weißbrot Semmel	263
Weiße Bohnen	112
Weißkohl/Weißkraut	25
Weizen	321
Weizen Bier	42
Weizen Bulgurweizen	287
Weizen Fladenbrot	240
Weizen Flocken	321
Weizen Grieß	344
Weizen Grieß - Kindergrieß	344
Weizen Mehl	337
Weizen Mehl Vollkorn	337
Weizen/Roggen Grau- Schwarzbrot mit Hefe	337
Weizenkeimöl	879
Weizenkleie	172
Wirsing/Grünkohl	22
Zitrone Saft	100
Zitrone Schale	-
Zitrone, Limette	95
Zucker (weiß, aus Rüben)	400
Zucker Fructose Fruchtzucker	400
Zucker Glukose Traubenzucker	400
Zucker Kandis weiß	400
Zucker Milchzucker	400
Zucker Ursüße (Zuckerrohr) süß	400

Zwieback 394

7.3 Zutaten verwenden: wenig

Aal 267
Ananas 59
Ananas (aus der Dose) 88
Ananassaft ungezuckert 59
Apfel (sauer) 60
Aprikose 42
Austernpilze 31
Banane 96
Banane Kochbanane 96
Birnensaft 68
Bulgur (Getreide) .... -
Butter (halbfett) 3.830
Buttermilch 41
Camembert 288
Clementinen 48
Couscous 345
Creme fraiche 387
Datteln getrocknet 325
Dill 43
Dinkel Grieß 337
Edamer 354
Emmentaler 398
Fenchel 31
Feta 236
Frischkäse 274
Frischkäse mit Kräuter 341
Gerste (Perlgerste) 354
Gouda 365
Hase 153
Heidelbeere 37
Heidelbeersaft 37
Himbeere 34
Himbeere getrocknet (unreife) .... -
Huhn Fleisch 102
Hüttenkäse 103
Joghurt Vanille 68
Johannisbeere (rot) 45
Johannisbeere (schwarz) 54
Johannisbeere (weiß) 38

Kastanien (Maronen)	173
Kefir	50
Kokosmilch	24
Kuhmilch (1,5 % Fett)	45
Kuhmilch (Vollmilch 3,5 % Fett)	64
Laugengebäck	340
Leinsamen	-
Leinsamen (geschrotet)	372
Longane	60
Magermilchpulver	367
Mais (geröstet)	-
Mais (Schnellpolenta)	330
Mais Mehl (Maizena)	368
Maiskeimöl	899
Malventee	-
Mandarine	45
Mandelmilch	624
Mandelmus	624
Mandeln Marzipan	486
Marillen	55
Mehrkornbrot (Graubrot)	211
Molke	25
Mozzarella	266
Nudeln (Vollkorn) mit Ei	102
Nudeln (Weizen) mit Ei	353
Nudeln (Weizen, Bandnudeln) mit Ei	353
Nudeln (Weizen, Lasagneblätter) mit Ei	353
Nudeln (Weizen, Spagetti) mit Ei	353
Okra	31
Paprika	20
Parmesan	440
Piment	307
Preiselbeere	46
Preiselbeersaft	23
Pute Brustfleisch	102
Reis Duftreis	351
Reis Süßer	-
Reismalz	316
Reisnudeln	109
Rind Filet	116
Rind Fleisch	148
Rind Fleischknochen	11
Rind Magen	94

Rindfleisch (Kalb) 137
Roggen Vollkornbrot 306
Rosinen 272
Rote Grütze (ohne Zucker) 118
Sago (Getreide) 341
Sahen 10% Kaffeesahne 203
Sahne sauer 10% 118
Sahne sauer 20% 205
Sahne, süß 30% 322
Salz .... -
Schlagobers (30 % Fett) 309
Schmelzkäse 12% 221
Schmelzkäse 30% 328
Stachelbeere 38
Stangenbohnen (Fisolen) 25
Stutenmilch .... -
Toastbrot (Vollkorn) 259
Topfen 20% 118
Topfen 40% 143
Tsampa (geröstetes Gerstenmehl) 336
Vollkornbrot 233
Walnüsse 690
Zucker braun 406

7.4 Kontraindikativ wirkende Lebensmittel nicht verwenden

Anis (gemeiner Fenchel)   Fencheltee
Basilikum   Garnele
Basilikum (frisch)   Getreidekaffee
Bohnenöl   Gorgonzola
Boxhornkleesamen   Granatapfel
Brie   Grünkern
Chili (Schote oder gemahlen) Hafer
Cumin (Kreuzkümmel)   Hafer Flocken (Vollkorn)
Curcuma (Gelbwurz)   Hafer Flocken geröstet
Curry   Hafer Mehl
Essig (Apfelessig)   Hafer Milch
Essig (Rotweinessig)   Hafer Schmelzlocken
Essig Aceto Balsamico   (Babynahrung)
Essiggurke   Hafer Schrot
Fasan   Hammel

Hirsch Fleisch
Hummer
Ingwer frisch
Ingwer Pulver
Kaffee
Kakao
Kardamom
Kirsche
Kirschsaft
Kiwi
Knoblauch
Kumquat
Lamm Fleisch
Languste
Lauch (Porree)
Lauchzwiebel Schnittlauch
Majoran
Mohn
Muskatnuss
Nelke
Orange
Orangensaft
Oregano getrocknet
Papaya
Paprika (Rosenpaprika)
Pfeffer (gemahlen)
Pfeffer Cayenne
Pfeffer Körner
Pfeffer weiss (gemahlen)
Pfirsich
Pfirsich (Dose)
Pumpernickel
Quargel 20%
Reh Fleisch
Rhabarber
Rosmarin
Rotwein

Sahne sauer 30%
Sake
Sauerampfer
Sauerkirsche
Sauerkraut
Sauermilch
Sauerrahm 15% Fett
Sauerteig
Schaffleisch
Schafmilch Joghurt
Schafskäse
Schafsmilch
Schimmelkäse
Schnaps
Schokolade
Senfsamen
Sternanis
Thymian
Umeboshipflaumen
(Japanaprikosen)
Wacholderbeere
Walnüsse geröstet
Weißwein
Wildschwein Fleisch
Yogitee
Ysop
Ziege
Ziegen- und Schafsmilch
Ziegenkäse
Zimtpulver
Zimtstange
Zwiebel Frühlingszwiebel
Zwiebel rot
Zwiebel Schalotte
Zwiebel weiss

8 Therapeutische Kräuter und deren Wirkungen

Keine definiert

9 Kräuter aus den Rezepten und deren Wirkungen

9.1 Basilikum

Wirkt wohltuend bei Blähungen und Übelkeit, entkrampfend und beruhigend.
Trocknet aus, leitet nach unten.

9.2 Beifuß

Reduziert Blutungen, lindert Schmerzen. In der Küche wird Beifuß als Gewürz für fettes Essen benutzt. Da er viele Bitterstoffe enthält, kurbelt er die Fettverbrennung an und fördert die Verdauung.

9.3 Bohnenkraut

Magenstärkend und antibakteriell, beruhigend und appetitanregend. Stärkt die Abwehr.
Tonisiert das Nieren-Yang, das Herz-Qi, den Magen und das Milz-Qi und erwärmt die Mitte, bewegt das Leber-Qi und das Blut, leitet Schleim und Kälte aus der Lunge, öffnet die Oberfläche, leitet Wind-Kälte aus.

9.4 Dill

Gegen Blähungen, krampflösend bei Magen-Darm-Beschwerden
Bewegt Qi, löst Stagnation, leitet nach oben.

9.5 Koriander

Fördert Verdauung.
Schweiß treibend, reduziert Wind.

9.6 Kresse

Harntreibend, unterstützt das Wasserlassen.
Bewegt Qi und Blut, diuretisch, kühlt bei innerer Hitze, befeuchtet Lunge, löst Stagnation, leitet nach oben.

9.7 Lauchzwiebel Schnittlauch

Bakterizid, beugt Krebs vor, stärkt Magensaftproduktion, fördert Verdauung und Durchblutung, fördert das Wachstum, löst Stagnation.

Leitet nach oben.

9.8 Liebstöckel

Regt Verdauung an, reduziert Schmerzen.
Reduziert inneren Wind, Feuchtigkeit, löst Stagnation, leitet nach oben.

9.9 Lilienzwiebel

Beruhigt Nerven.

9.10 Makannasternsamen

Stärkt Milz, lindert Diarrhö, reduziert Ausfluss.

9.11 Melisse

Beruhigenden Wirkung, Einschlafstörungen, Unruhe und Magenbeschwerden, Allergien, Asthma, Migräne und Blähungen, zur Kräftigung nach Erkältungs- und Infektionskrankheiten, Kopfschmerzen, Rheuma und psychische Spannungen.
Bewahrt die Säfte, zieht zusammen, Beruhigt Le-Feuer, beruhigt Shen, regt Lungen Qi an.

9.12 Oregano frisch

Fördert Verdauung
Trocknet aus, leitet nach unten.

9.13 Petersilie

Regt Leberfunktion an, entgiftet.
Nährt Blut und Leber, harmonisiert Leber und Milz, stärkt Sehkraft, bewahrt die Säfte, zieht zusammen.

9.14 Pfefferminze

Entkrampft, befreit Lunge und Nase (Inhalieren), reguliert Zyklus.
Kühlt Hitze, vertreibt Schleim, Leitet Wind Kälte und Wind Hitze aus, bewegt Ma Qi, löst Stau.

9.15 Rosmarin

Fördert Verdauung, stärkt Lunge, Milz und Niere.
Trocknet aus, leitet nach unten. Stärkt Herz, Lunge und Milz-Qi, Stärkt

Leber-Blut. Stärkt Herz-Yin. Vertreibt Milz Hitze/Kälte Feuchtigkeit. Stärkt Milz- und Nieren-Yang

9.16 Salbei

Trocknet aus, gegen Hefepilzinfektionen.
Vertreibt Schleim, leitet nach unten, Aktiviert Wei Qi, stärkt Qi.

9.17 Schwarzkümmel

entkrampfend, immunregulatorisch. Außerdem soll das Öl die Bildung von Knochenmarkszellen anregen und allgemein Körperzellen vor Viren schützen.

9.18 Yamswurzel, Yamswurzelknolle

Baut Lunge, Milz, Niere auf.

9.19 Zitronenmelisse (frisch)

Anregend, antibakteriell, aufmunternd, beruhigend, entspannend, krampflösend, kühlend, pilzhemmend, schmerzstillend, schweißtreibend, virushemmend, Erkältung, Fieber, Grippe, Husten, Bronchitis, Asthma, Appetitlosigkeit, Blähungen, Sodbrennen.

10 Grundlagen der Ernährung

Die hier beschriebenen Grundlagen der Ernährung zeigen allgemeine Empfehlungen und beziehen sich nicht auf eine spezielle Therapieform. Die Empfehlungen der Therapie haben Vorrang.

10.1 Ernährung

Die regelmäßige Einnahme von Mahlzeiten in entspannter Atmosphäre. Ein wärmendes Frühstück gilt als guter Start in den Tag.
Mittags sollte die Hauptmahlzeit stattfinden - das Abendessen am frühen Abend.

Die Beachtung von Hunger- und Sättigungsgefühlen: Nicht überessen und nicht hungern, so lautet die Regel.

Die frische Zubereitung der Speisen aus naturbelassenen, regionalen Produkten. Tiefgekühlte, hitzekonservierte, industriell vorgefertigte oder mikrowellengegarte Lebensmittel werden abgelehnt.

Die Auswahl von Lebensmittel nach der Jahreszeit: Im Sommer mehr kühlende Nahrung, im Winter mehr wärmende Nahrung.

Mindestens zweimal am Tag Gekochtes essen. Speisen und Getränke sollen möglichst handwarm, niemals eiskalt oder heiß sein.

Rohkost, kurz gegartes Gemüse, frisch gepresste Säfte und Mineralwasser werden üblicherweise nicht empfohlen. Milch und Milchprodukte stehen nur dann auf dem Speiseplan, wenn sie problemlos vertragen werden.

Therapeutische Rezepte nicht über einen längeren Zeitraum ohne Rücksprache mit dem Arzt oder Therapeuten einnehmen.

1. Vielseitig essen
Lebensmittelvielfalt genießen. Merkmale einer ausgewogenen Ernährung sind abwechslungsreiche Auswahl, geeignete Kombination und angemessene Menge nährstoffreicher und energiearmer Lebensmittel. (Einerseits Schutz vor Unterversorgung mit essentiellen Nährstoffen und andererseits Schutz vor einer überhöhten Zufuhr unerwünschter Inhaltsstoffe.)

2. Reichlich Getreideprodukte - und Kartoffeln
Brot, Nudeln, Reis, Getreideflocken (am besten aus Vollkorn), sowie Kartoffeln enthalten kaum Fett, aber reichlich Vitamine, Mineralstoffe, Spurenelemente sowie Ballaststoffe und sekundäre Pflanzenstoffe. Diese Lebensmittel sollten mit möglichst fettarmen Zutaten verzehrt werden.

3. Gemüse und Obst - Nimm "5" am Tag ...
5 Portionen Gemüse und Obst am Tag, möglichst frisch, nur kurz gegart, oder auch eine Portion als Saft – idealerweise zu jeder Hauptmahlzeit und auch als Zwischenmahlzeit: Damit werden reichlich Vitamine, Mineralstoffe sowie Ballaststoffe und sekundären Pflanzenstoffe (z.B. Carotinoiden, Flavonoiden) zugeführt. Das Beste, was man für die eigene Gesundheit tun kann.

4. Täglich Milch und Milchprodukte, ein- bis zweimal in der Woche
Fisch; Fleisch, Wurstwaren sowie Eier in Maßen. Diese Lebensmittel enthalten wertvolle Nährstoffe, wie z.B. Calcium in Milch, Jod, Selen und Omega-3-Fettsäuren in Seefisch. Fleisch ist wegen des hohen Beitrags an verfügbarem Eisen und an den Vitaminen B1, B6 und B12 vorteilhaft. Mengen von 300 - 600 g Fleisch und Wurst pro Woche reichen hierfür aus. Fettarme Produkte bevorzugen, vor allem bei Fleischerzeugnissen

und Milchprodukten.

5. Wenig Fett und fettreiche Lebensmittel
Fett liefert lebensnotwendige (essenzielle) Fettsäuren und fetthaltige Lebensmittel enthalten auch fettlösliche Vitamine. Fett ist besonders energiereich, daher kann zu viel Nahrungsfett Übergewicht fördern, möglicherweise auch Krebs. Zu viele gesättigte Fettsäuren fördern langfristig die Entstehung von Herz-Kreislauf-Krankheiten. Pflanzliche Öle und Fette bevorzugen (z.b. Raps-, Oliven- und Sojaöl und daraus hergestellte Streichfette). Auf unsichtbares Fett achten, das in Fleischerzeugnissen, Milchprodukten, Gebäck und Süßwaren sowie in Fast-Food- und Fertigprodukten meist enthalten ist. Insgesamt 70 - 90 Gramm Fett pro Tag reichen aus.

6. Zucker und Salz in Maßen
Nur gelegentlich Zucker und Lebensmittel, bzw. Getränke verzehren, die mit verschiedenen Zuckerarten (z.B. Glucosesirup) hergestellt wurden. Kreativ mit Kräutern und Gewürzen und wenig Salz würzen. Jodiertes Speisesalz bevorzugen.

7. Reichlich Flüssigkeit
Wasser ist absolut lebensnotwendig. Jeden Tag rund 1-2 Liter Flüssigkeit trinken. Wasser (ohne oder mit Kohlensäure) und andere kalorienarme Getränke bevorzugen. Alkoholische Getränke sollten nicht konsumiert werden.

8. Schmackhaft und schonend zubereiten
Die jeweiligen Speisen bei möglichst niedrigen Temperaturen garen, soweit es geht kurz, mit wenig Wasser und wenig Fett - das erhält den natürlichen Geschmack, schont die Nährstoffe und verhindert die Bildung schädlicher Verbindungen.

9. Sich Zeit nehmen und das Essen genießen
Bewusstes Essen hilft, richtig zu essen. Auch das Auge isst mit. Sich beim Essen Zeit lassen. Das macht Spaß, regt an, vielseitig zuzugreifen und fördert das Sättigungsempfinden.

10. Auf das Gewicht achten und in Bewegung
Ausgewogene Ernährung, viel körperliche Bewegung und Sport (30 bis 60 Minuten pro Tag) gehören zusammen. Mit dem richtigen Körpergewicht fühlt man sich wohl und fördert die Gesundheit.
Thermik, Wirkrichtung, Verdauungskraft
Es gibt unterschiedliche Kriterien, die Wirksamkeit von Kräutern und

Lebensmittel zu beurteilen. Der Einsatz der Kräuter und Zutaten basiert auf Beobachtung, was die Lebensmittel, Kräuter und Gewürze nach ihrem Verzehr im Körper bewirken. In der Medizin hat sich daraus folgendes System entwickelt: Jede Zutat oder Kraut hat eine Wirkrichtung. Außerdem gibt es noch Kräuter, die eine besondere Wirkung auf bestimmte Organe haben.

Voraussetzung für einen gesunden Stoffwechsel ist es, darauf zu achten, dass wir ausreichend Energie aus der Nahrung gewinnen und der Verdauungsprozess so wenig Energie wie möglich verbraucht. Eine bekömmliche Mahlzeit macht zufrieden und satt, verursacht keine Blähungen und keine Müdigkeit nach dem Essen. Richtiges Würzen erhöht die Bekömmlichkeit unserer Speisen. Es genügen oft schon geringe Mengen an Kräutern und Gewürzen. Sie dienen nicht dazu, uns satt zu machen, sondern helfen unseren Verdauungsorganen, die Nahrung zu verdauen.

10.2 Rezepte

Die Rezepte zeigen Ihnen welche Zutaten verwendet werden, sowie mit der Kochanleitung wie diese zubereitet werden. Bei den Zutaten wird neben den Mengenangaben auch die Wichtigkeit für die Therapie, das Wärmeverhalten sowie das Element angezeigt. Wenn dabei angezeigt wird "weniger als angegeben" versuchen Sie diese Empfehlung einzuhalten oder eine Alternative aus der Liste der "Empfohlenen Lebensmittel" zu finden. Meistens ist es nur eine leichte geschmackliche Änderung wenn Sie diese Zutat gänzlich weglassen.

Schonende Kochmethoden: Kochen, dämpfen, pochieren, dünsten
Scharfe Kochmethoden: Grillen, rösten, anbraten, räuchern
Ausgeglichene Kochmethoden: Frittieren, Römertopf

Auf das Einfrieren und erwärmen in der Mikrowelle sollte verzichtet werden (Denaturierung).

10.2.1 Rezepte nach Folge der Elemente kochen

In der TCM werden die Zutaten der Rezepte möglichst in der Reihenfolge der Elemente verwendet, welches eine erhöhte Bekömmlichkeit und energetische Qualität ergibt. Den Beginn macht die Kochmethode mit der begonnen wird. Wird in einer Pfanne oder Topf etwas erwärmt ist das Element das Feuer. Diese 5 Elemente stehen in Beziehung zueinander und haben eine natürliche Reihenfolge, die den Jahreszeiten entspricht. Metall - Wasser - Holz - Feuer - Erde.

So stärkt das jeweilige Element das das ihm nachfolgende. Die Zutaten können dann in Gruppen der jeweiligen Elemente beigegeben werden. Es sollten nach Möglichkeit immer alle 5 Elemente in einer Speise vorhanden sein. Das Element mit dem man aufhört, ist am wirksamsten. Das bedeutet, gebe Sie am Ende noch etwas Petersilie über das Gericht, hat es den größten Einfluss auf die Leber, da sowohl Petersilie als auch die Leber zum Holzelement zählen.

Wenn Sie nach dieser Methode kochen wollen, sollten Sie bei einem TCM-Ernährungsberater oder einem TCM-Kochkurs weitere Feinheiten kennen lernen. Grundlagen sehen Sie auf:
https://de.wikipedia.org/wiki/Fünf-Elemente-Lehre

Organ	Element
Leber, Galle	Holz
Herz, Dünndarm	Feuer
Milz, Magen	Erde
Lunge, Dickdarm	Metall
Nieren, Blase	Wasser

10.3 Lebensmittel

In der Traditionell Chinesischen Medizin werden alle Lebensmittel den 5 Elementen Holz, Feuer, Erde, Metall und Wasser zugeordnet.

Lebensmittel wirken wie Heilkräuter auf Körper und Geist, nur wesentlich sanfter. Die Ernährungsberatung stützt sich hauptsächlich auf heimische Lebensmittel. Das Wissen über die Wirkungsweisen jedes einzelnen Lebensmittels und das Wissen wann welche Lebensmittel zur Anwendung kommen, entstammt der Schulmedizin. Verwende Sie möglichst Erzeugnisse aus ökologischen-biologischem Landbau.

Da wegen der besseren Verdaulichkeit grundsätzlich alles lange gekocht und kaum roh gegessen wird, ist die Verträglichkeit hervorragend.

Die Einteilung der Lebensmittel entsprechend ihrer Wirkung auf den Körper und bildet die Basis, um einen ausgewogenen und harmonischen Gesundheitszustand im Körper zu erreichen.

Grundsätzlich empfiehlt die Ernährungsberatung keine bestimmten Lebensmittel für Jedermann. Ausschlaggebend für den individuellen Speiseplan ist vor allem die persönliche Konstitution.

Kaufen Sie nur frisches und reifes Obst und Gemüse ein. Braune Stellen, welke Blätter aber auch unreifes Obst und Gemüse sollten Sie im Supermarkt zurücklassen. Greifen Sie dann zu Tiefkühlware (keine Fertiggerichte!). Tiefkühlobst und -gemüse werden kurz nach dem Ernten schockgefroren und enthalten deshalb oftmals mehr Vitamine und Mineralstoffe, als die Ware aus der Obst- und Gemüsetheke! Konserven- und Dosenware dagegen enthält wesentlich weniger Biostoffe. Zudem werden Letztere meist mit Salz, Zucker usw. angereichert. Lassen Sie die Zutaten nach dem Waschen nie im Wasser liegen, denn so gehen viele Vitalstoffe ins Wasser über! Putzen Sie Salate, Früchte und Gemüse erst unmittelbar vor Verzehr.

Beachten Sie bitte die hygienische Verarbeitung der Lebensmittel. Waschen Sie Ihre Salate, Früchte und Gemüse gründlich. Bei Gerichten mit Fleisch bereiten Sie zuerst die Zutaten vor und verarbeiten dann die Fleischprodukte. Reinigen Sie danach die Arbeitsflächen und Werkzeuge besonders gründlich. Holzunterlagen sollten regelmäßig mit leichtem Desinfektionsmittel behandelt werden um die Keimbildung einzuschränken.

Bewahren Sie Obst und Gemüse möglichst getrennt voneinander auf. Auch geerntete Früchte und Gemüse leben und strömen z.B. Ethylengas aus, das andere Sorten schneller reifen und altern lässt. Fleisch und Fisch in der verschlossenen Verpackung lassen oder in luftdichten Boxen im Kühlschrank aufbewahren.

10.4 Kräuter

Bei der Aufbewahrung und Lagerung von Heilkräutern, müssen gewisse Grundregeln beachtet werden. Grundsätzlich müssen Heilkräuter geschützt vor direkter Sonneneinstrahlung, vor Feuchtigkeit und vor heißen Temperaturen gelagert werden.

Als Gefäße für die Lagerung von Heilkräutern können Gläser, Keramik-Behälter und zur Not auch Plastik-Dosen eingesetzt werden. Plastik ist aber ein sehr unreines Material und sollte daher wirklich nur eine kurzfristige Notlösung sein. Bei Glasbehältern ist darauf zu achten, dass dunkles Glas verwendet wird.

Heilkräuter können nicht beliebig lange aufbewahrt werden. Die Haltbarkeit von Heilkräutern ist auf jeden Fall begrenzt. Durch die Haltbarkeitsdauer kann durch sachgerechte Lagerung wesentlich erhöht werden. So soll der Lagerplatz dunkel, eher kühl und absolut trocken sein. Ein Medizinschrank aus Holz, der nicht direkt bei einer Wärmequelle platziert ist wäre ideal. Um Ihre Heilkräuter nicht wegwerfen zu müssen, kaufen Sie nicht zu große Mengen an Heilpflanzen. Beschriften Sie die Behälter mit dem Namen des Heilkrauts und dem Datum der Ernte bzw. der Verarbeitung.

11 Weitere Ernährungsvorschläge

Folgende Syndrome der Diätetik, der TCM oder als Therapieergänzung bei Krebs sind verfügbar.

DIÄTETIK
1. Ernährung des Säuglings - Beikost
2. Ernährung in der Stillzeit
3. Ernährung im Alter
4. Ernährung von Kindern und Jugendlichen
5. Ernährung von Sportlern
6. Leichte Vollkost
7. Schwangerschaft
8. Vollkost

Eiweiß und Elektrolyt – Nieren
9. (Hämo-)Dialysebehandlung
10. Akutes Nierenversagen
11. Chronische Niereninsuffizienz
12. Nephrotisches Syndrom
13. Nierensteine (Nephrolithiasis)

Gastrointestinaltrakt - Bauchspeicheldrüse
14. Akute Pankreatitis (Entzündung der Bauchspeicheldrüse)
15. Chronische Pankreatitis (Entzündung der Bauchspeicheldrüse)

Gastrointestinaltrakt - Dünndarm und Dickdarm
16. Akute Obstipation (Verstopfung)
17. Chronische Obstipation (Verstopfung)
18. Colon irritabile
19. Divertikulitis
20. Erworbene Laktoseintoleranz (Laktosemalabsorption)
21. Fruktosemalabsorption
22. Glutensensitive Enteropathie (Zöliakie)
23. Kolektomie
24. Kurzdarmsyndrom

Gastrointestinaltrakt - Leber, Gallenblase, Gallenwege
25. Akute und chronische Hepatitis (Entzündung der Leber)
26. Cholelithiasis (Gallensteine)
27. Fettleber
28. Leberzirrhose

Gastrointestinaltrakt - Magen und Zwölffingerdarm
29. Akute Gastritis
30. Chronische Gastritis
31. Magenblutung
32. Ulcus ventriculi und Ulcus duodeni
33. Zustand nach Magenoperation

Gastrointestinaltrakt - Mundhöhle und Speiseröhre
34. Mundschleimhautentzündung
35. Ösophaguskarzinom (Speiseröhrenkrebs)
36. Refluxösophagitis (Sodbrennen)

spezielle Krankheiten
37. Phenylketonurie (PKU)

38. Rheumatische Gelenkserkrankungen
Stoffwechsel
39. Adipositas (Übergewicht)
40. Diabetes mellitus
41. Essstörungen (Untergewicht)
Fettstoffwechsel
42. Hypercholesterinämie (erhöhter Cholesterinspiegel)
43. Hepatische Enzephalopathie
Herz- und Kreislauf
44. Arteriosklerose (Arterienverkalkung)
45. Herzinsuffizienz
46. Hypertonie (Bluthochdruck)
47. Hyperurikämie und Gicht
veränderter Nährstoffbedarf
48. bei Fieber
49. bei malignen Erkrankungen
50. nach Verbrennungen
51. Strahlen- und Chemotherapie

KREBS
100. Bauchspeicheldrüse
101. Blasenkrebs
102. Blutkrebs (Leukämie)
103. Brustkrebs
104. Darmkrebs
105. Magenkrebs
106. Nierenkrebs
107. Speiseröhrenkrebs

TCM
200. Blase - Feuchte Hitze in der Blase
201. Blase - Feuchtigkeit und Kälte in der Blase
202. Blase - Leere und Kälte in der Blase
203. Dickdarm - äussere Kälte befällt den Dickdarm
204. Dickdarm - Feuchte Hitze im Dickdarm
205. Dickdarm - Hitze blockiert den Dickdarm II akut
206. Dickdarm - Trockenheit des Dickdarms
207. Dickdarm - Yang Mangel (Kälte)
208. Herz - Blut Mangel
209. Herz - Blut Stagnation
210. Herz - Feuer
211. Herz - Heisser Schleim verstopft die Herzporen
212. Herz - Kalter Schleim verstopft die Herzporen
213. Herz - Qi Mangel
214. Herz - Yang Mangel
215. Herz - Yin Mangel
216. Leber - aufsteigender Leber-Yang
217. Leber - Blut-Mangel
218. Leber - Blut-Stagnation
219. Leber - feuchte Hitze in Leber und Gallenblase
220. Leber - Feuer
221. Leber - Gallenblase Qi-Leere
222. Leber - Kälte im Lebermeridian

223. Leber - Qi-Stagnation
224. Leber - Wind
225. Leber - Wind mit aufsteigendem Leber Yang
226. Leber - Wind mit Blutleere
227. Leber - Wind mit extremer Hitze
228. Lunge - Qi Mangel
229. Lunge - Schleim-Feuchtigkeit in der Lunge
230. Lunge - Schleim-Hitze in der Lunge
231. Lunge - Schleim-Kälte in der Lunge
232. Lunge - Trockenheit der Lunge
233. Lunge - Wind-Hitze befällt die Lunge
234. Lunge - Wind-Kälte befällt die Lunge
235. Lunge - Yin Mangel
236. Magen - Blutstagnation
237. Magen - Feuer
238. Magen - Magenkälte mit Flüssigkeit
239. Magen - Nahrungsstagnation
240. Magen - Qi Mangel
241. Magen - rebellierendes Magen Qi
242. Magen - Yin Leere
243. Milz - Hitze und Feuchtigkeit befällt die Milz
244. Milz - Kälte und Feuchtigkeit befällt die Milz
245. Milz - Qi Mangel
246. Milz - Qi Mangel + Absinkendes MilzQi
247. Milz - Qi Mangel + Milz kontrolliert das Blut nicht
248. Milz - Yang Mangel
249. Niere - Herz und Niere kommunizieren nicht mehr
250. Niere - Jing Mangel
251. Niere - Nieren können das Qi nicht empfangen
252. Niere - Qi ist nicht fest
253. Niere - Yang Mangel
254. Niere - Yin Mangel

12 EBNS - Software für die Ernährungsberatung

Die Hauptaufgabe der Datenbank ist eine **„personalisierte Ernährungsberatung"** für jeden Patienten individuell. Die Datenbank wurde für die Diätetik und Traditionellen Chinesischen Medizin entwickelt. Sie Unterstützt bei der Ausbildung und Beratung im Arbeitsalltag.

Das Computerprogramm liefert Listen von Rezepten, Zutaten und Kräuter, welche dem Klienten mitgegeben werden. Individuell nach Patienten-Wunsch von Vollkost bis Vegetarier (Lacto-, Ovo-, ...) einstellbar. Zu jedem Register gibt es ein INFOBLATT welches einmal dem Klienten mitgegeben werden kann.

Die Syndrome sind kombinierbar und ergeben eine Schnittmenge der empfehlenswerten Rezepte und Zutaten. Die automatisierte Diagnose für die TCM ermöglicht Ihnen während der Ausbildung Ihre Erfahrungen zu überprüfen sowie im Arbeitsalltag ihre Diagnose zu bestätigen. Sie wählen mehrere vordefinierte Symptome und lassen sich vom Programm die relevanten Syndrome automatisch anzeigen.

Wie Sie mit der Datenbank arbeiten können:
Sie können alle Werte verändern, neue Symptome oder Syndrome anlegen, Rezepte entwickeln, verändern oder Zutaten und Kräuter an Ihre Erkenntnisse anpassen. In der einfachen Klientenverwaltung werden alle relevanten Daten zu der Person gespeichert. Sie bekommen einen Überblick über die zurückliegenden Diagnosen und die Entwicklung des Krankheitsverlaufes.

Als Berater sparen Sie viel Zeit, wenn Sie für die erkannten Syndrome die Rezept-, Lebensmittel- und Kräuterlisten ausdrucken und den Klienten mitgeben. Diese Zeit können Sie für das persönliche Gespräch nutzen.

Alle Rezept- und Lebensmittellisten können Sie auch als Kombination mehrerer Erkrankungen bestellen. Mit der Datenbank können Sie außerdem für jedes Rezept die Nährstoffe und Spurenelemente angezeigt bekommen und Rezepte für Syndrome selbst mit vorgeschlagenen Zutaten entwickeln.

Weitere Informationen finden Sie auf http://www.ebns.at.
Josef Miligui, Tel.: +43 660 121 05 00